郎咸平开讲：公司是什么

郎咸平◎著

東方出版社

目　录

前言　/ 001

第一章　股份制与中国　/ 001

一、股份制的起源　/ 003

二、良心：股份制成功的基础　/ 008

三、加尔文：救赎的价格弹性等于零　/ 010

四、马镫上的骑士：大国崛起　/ 013

五、股票市场：将“白条”卖给傻瓜　/ 018

六、法治化：让你不敢没有良心　/ 022

七、改制：形体来了，却没有灵魂　/ 027

八、经历阵痛：为下一代建立信托责任　/ 029

九、秘密：要成功必须把握本质　/ 032

第二章　回顾公司治理的历史　/ 035

一、1720 年的欧洲：公司治理的历史背景　/ 037

二、《资本论》揭开财富创造的秘密　/ 042

第三章　公司治理的五大基础　/ 045

一、基础一：普通法的公平概念被引入　/ 047

二、基础二：信托责任　/ 051

三、基础三：严刑峻法以保障公平　/ 054

四、基础四：法治化保证信托责任的推行　/ 064

五、基础五：社会主义式的民主制度　/ 070

六、伯利和米恩斯：开创公司治理先河　/ 080

第四章　小股民、大股东与债权人　/ 083

一、激励合同：将经理人与小股民的利益联系起来　/ 085

二、强化公司治理：大股东所扮演的角色　/ 092

三、法治环境：决定债权人是否需要公司治理的保护　/ 100

四、在美国：小股民、大股东和债权人之间的恩怨　/ 103

五、银行：在德国和日本扮演何种角色　/ 111

六、银行：遭受亚洲家族的剥削　/ 116

第五章　如何建立一套保护债权人的公司治理机制　/ 123

一、MBO：能否在亚洲生根　/ 125

二、国有银行：产生的问题与做出的贡献　/ 128

三、银行改革：应该如何进行监管　/ 135

四、结　论　/ 138

前言

公司的秘密

各位读者，呈现在您面前的这本小册子，是根据我的电视节目《郎咸平说》整理而来。中国大陆实施经济改革已近四十年，这四十年的历史，也可以简要概括为“公司发展的历史”。十几年来，我到处演讲，惊人地发现，无论是管理层，还是企业老板、经营者，还有所谓的专家学者，真正懂得“什么是公司”的，可谓凤毛麟角。我是公司治理方面的专家，我非常相信自己的判断。想深入了解我对公司方面研究的读者，可以读读我的专业论文集《公司治理：郎咸平学术论文集》。

这本小册子，我试图用最通俗最浅显的语言，给各位读者介绍一下“什么是公司”或者说“公司是什么”。此次重新整理再次出版，删除了时效性较强的案例，以力求给各位读者有关公司治理的一个较为通俗而完整的知识体系。

关于公司，我们大陆读者最熟悉的词，莫过于“股份制”了。所以，第一章以“股份制与中国”为标题，谈谈我对“股份制”的理解，解读一下股份制历史及背后的逻辑。这样的编辑逻辑，有助于读者进一步了解本书后面的内容。

为了正本清源，也为了让大家能够了解股份制的来龙去脉，我先从股份制的起源讲起。大家可能觉得起源如何，似乎无关紧要，但是你们是否真的了解当初为什么会有股份制？真的是因为股份制好得不得了，欧美各国才推行股份制的吗？我们民族的特性之一就是喜欢看表面现象，以为在欧美各国出现的股份制是一件很了不起的事情，可大家哪里知道这个制度的来源是因为没有办法、不得已而为之的，根本不是因为它好。

股份制为什么是没有办法的办法呢？因为最早的“股份制试点企业”起源于西元 4 世纪。到了 4 世纪中叶的时候，英国教会差不多拥有全国 58% 的土地。但是当时教会的神职人员是不能够经营企业的，更为严重的是，神父不能结婚，因此，他们没有合法的继承人。由于找不到继承人，所以迫使当时的教会聘请了职业经理人，所以才导致管理权与所有权的分离，而并不是因为管理权和所有权的分离有何神秘之处。

那么为什么又要实行“有限责任制”呢？现在只要是对公司稍微有一点概念的人，都会把有限责任制当作一个神圣不可侵犯的制度，而且每家公司都要搞这个制度，可是大家究竟了解多少呢？你们想一想在当时的情况下，一个神权的社会，职业经理人在帮助教会经营企业，如果借了钱还不上呢？你们相不相信债权人有可能到教会去大吵大闹。但是当时的神权社会允许他们这么做吗？如果真的跑到教会去大吵大闹，万一惊动了上帝，那怎么得了。所以当时借钱时就讲清楚——如果借钱还不上的话，咱们就此打住，你们不要到教会去闹，搞不好激怒了上帝，咱哥俩会一起进地狱，因此借钱不还的话就到此结束，千万不能再闹了，再闹下去两个都不讨好，这就是有限责任制的由来。各位应该理解了吧。

那么为什么说“信托责任”是股份制的灵魂呢？

当时的教会是神权的中心，这些职业经理人心里面有着对上帝的信托责任，所以信托责任是在宗教里面形成的。既然当了这一家教会公司的职业经理人，凭着上帝所托，他们会尽自己的责任把企业做好的。这种以良知为基础的信托责任，是当时股份制得以生存的唯一原因。也就是说股份制要能推行，我们必须要有良心，必须全心全力地为教会做事，因为这是上帝的企业。换句话说，股份制赖以成功的基础就是信托责任，而西方这种信托责任在中国社会是没有的。举例而言，在 2004 年发起的国有企业改革的大讨论中，我所批判的就是国有企业老总对我们国家、民族和百姓缺乏信托责任——因为这些老总认为国有企业不是自己的，所以做不好，如果想做好，就要通过 MBO 的手法收归己有。我当时就用“保姆理论”来批判了这个荒谬的做法——所谓的“保姆理论”就是我们请保姆来家里打扫卫生，清理干净之后，这个家就变成保姆的了，这就是过去缺乏信托责任的国有企业改革。

读者应该明白为什么在欧美各国，股份制运营得都比较成功，因为有信托责任作为基础，而股份制到了中国却出现坑蒙拐骗的事情，因为缺乏信托责任的基础。

可是为什么有了股份制就离不开严刑峻法呢？大家和气生财不是很好吗？实际上，是因为大家不了解历史上的惨痛教训，才会问这个问题。因为股份制经历过几百年的运作之后，太成功了，积累了大量的财富，于是，职业经理人和教会都开始腐败，信托责任逐渐消失了。到了17世纪和18世纪末，欧洲发生了三次非常严重的金融危机，股票市场完全崩溃。在当时缺乏信托责任的情况下，很多股份有限公司造假，进行内幕交易，操控股价，利用银行借来的钱炒股，这使得很多老百姓最后血本无归，因此英国《泡沫法案》禁止股份有限公司运营达到100年之久；法国禁止“银行”达到150年之久。因为这个社会一旦丧失了以良知为主的信托责任之后，股份有限公司就一定会成为剥削百姓、剥削股民的最有效的工具之一。从17世纪一直到20世纪初，股份有限公司日渐衰落。

到了1932年之后，美国找到了拯救市场崩溃的唯一出路——严刑峻法，这也就是为什么欧美各国的股份有限公司到了20世纪初又开始活跃起来的原因。当时，美国政府为了挽救股份有限公司，采用了严刑峻法，让人们不敢没有良心，不敢没有信托责任，所以股份有限公司才重新得以生存。请问各位读者，我们国家有信托责任的传统吗？有严刑峻法以保障信托责任吗？都没有，这就是我国股市也存在着剥削中小股民的真正原因所在。

了解了股份制的由来并且认识到建立信托责任的重要意义之后，那么，第二个层次的问题就是：作为职业经理人，怎样运作公司才能真正对股东负责，为股东创造价值呢？以上便是本书第一章“股份制与中国”要谈的内容。

我前面谈的问题实际上是告诉职业经理，怎么做才能成为一个好的职业经理人。而下面我就要转到股东和债权人的身上，谈公司的秘密了。首先我还是从历史的角度谈公司治理，然后讲一讲现代公司治理的大历史背景。这就是本书第二章“回顾公司治理的历史”要谈的内容。而最为重要的就是公司治理必须有五个方面的坚实基础，这样股份制才能良好运作，股东和债权人也才能通过股份制实现其所有权带来的利益最大化和持久化。

这五个基础分别是：普通法的公平概念被引入、信托责任、严刑峻法以保障公平、法治化保证信托责任的推行，还有社会主义式的民主制度。应该说美国的伯利和米恩斯开创了现代公司治理的先河，而激励合同理论则为我们理解股东和职业经理人之间的关系提供了非常清楚的架构。这就是本书第三章“公司治理的五大基础”叙述的内容。

具体而言，对于股东和公司利益相关者来说，这些问题都显得尤为重要。首先，大股东应该清楚其在公司治理中实际上所扮演的角色和应该扮演的角色；其次，债权人虽然不是公司股东，但是公司的经营绩效会直接影响其相关利益，所以股东需不需要参与公司治理，应该在多大程度上参与，乃至以怎样的方式来参与，都是关涉债权人利益的重要问题。而在这种框架下，股东与债权人之间的关系问题就显得尤为重要了，具体来说，大家应该了解美国的《破产法》能否保护股民和债权人的利益，还有美国债权人和股东之间的恩怨，因为同样的问题也广泛存在于中国的公司治理实践中。

除了对美国经验的系统分析之外，通过对德国和日本的银行的分析，债权人在公司治理中扮演的角色也值得中国银行业在改革的过程中加以借鉴。更为重要的是，通过了解亚洲家族企业对银行的剥削和对公众利益的侵犯，我们应该思考中国的民营企业乃至上市公司需要怎样的规范，这就是本书第四章“小股民、大股东与债权人”要介绍的内容。进一步讲，应该思考 MBO 有没有可能在亚洲生根呢？我们又如何建立一套切实保护债权人的公司治理机制？要知道，中国社会中最大的债权人就是国有银行，所以切实保护债权人的公司治理机制才是能切实防止国有资产流失的重要手段。最后，我还要跟大家专门谈一谈应该如何实施监管这一问题。这就是本书第五章“如何建立一套保护债权人的公司治理机制”要谈的内容。

第一章　股份制与中国

当初在欧美各国出现的股份制是一件了不起的事情吗？

信托责任：股份制运转的基石。

股票市场是怎样由来的？

呼唤全社会的信托责任。

一、股份制的起源

我们历经三十多年的改革开放，其中有一点非常重要的，叫什么？叫企业改革，改成股份制。所以我还记得在 20 世纪 90 年代初期，或者是 20 世纪 80 年代末期的时候，全国各大小企业都争先恐后地改成股份制。我就以股份制这一件小事情讲出一个大道理。我想请问各位，你们知不知道什么叫股份制？我再问你们一下，全世界第一个股份有限公司出现在哪里？

你们是否了解当初为什么会有股份制？这是一个让人感到很遗憾的问题。现在，我就要跟各位谈一个在教科书上看不到的，你们在书店里面的历史文献里面也查阅不到的一段历史。今天，我讲的这个历史课，绝对都是我自己在研究过程中总结出来的心得。根据我和香港的大学同事杨耀辉教授的研究，你会发现第一个股份制的公司是出现在英国。什么时候？

在西元10世纪，也就是说在差不多等同于中国的大宋王朝时期，英国出现了世界上第一个股份有限公司。这个股份有限公司怎么来的？你们听完之后一定会豁然开朗，觉得这段历史太有意思了。

背景提示

一千多年之前的欧洲，当时是一个神权的世界、神权的社会，那里的人们对上帝的崇拜简直无以复加，你可以说是迷信，这个我不加以评论。总之，那里的人们对于上帝的崇拜是令人不可想象的，因此西元10世纪的欧洲流传着这样的说法：人犯了罪，死后是要下地狱的。人们为了避免下地狱，只好在死前将自己的土地、房屋捐给教会。到西元10世纪中叶的时候，英国差不多有58%的土地是属于教会的。那么问题就来了，教会是干什么的？教会不是公司，神父等人是不能够经营企业的，那该怎么办呢？而且更为严重的是，神父不能结婚，因而他们没有合法的后代。当然很多历史文献说，神父乱伦，搞不合法的后代，这是另外一回事。神父可能会有后代，但是是不合法的。由于没有合法的后代，所以继承就产生很大的问题，那么教会收了这么多的土地和房子，准备由谁来经营，由谁来继承呢？由于找不到继承人，所以逼得当时的教会不得已聘请了职业经理人。

这样，一个很可笑的故事就出来了，股份有限公司的“有限”是什么意思？“股份”是什么意思？那么有两点：第一点是管理权与所有权相分离，我们把它看成一个了不得的东西；第二点有限责任制，上市公司和有限公司，我们把它当作一个了不起的宝典。可是你想想看，这两大定律在当时是怎么回事？我们认为了不起的管理权跟所有权分离的原因，是因为教会没有合法的继承人，管理权跟所有权不得不分离。因此，只能由职业经理人来经营。

那么，为什么叫有限公司呢？那就是没有追诉权，我借了多少钱，我跑了就跑了，你不能向我个人来追诉，这就叫作有限责任制，对不对？我相信只要对公司稍微有一点概念的人都会理解。把有限责任制当作一个神圣不可侵犯的制度，每家公司都要搞这个制度，你们了解多少？你想一想当初为什么要搞股份制？想一想在当时的情况下，一个神权的社会，职业经理人在经营企业，在经营房地产的时候，他有没有可能去借钱？当然有可能，借了钱如果还不上呢？你们相不相信债权人一愤怒起来，就会到教会去大吵大闹。当时的神权社会允许这么做吗？如果真的跑去教会里面大吵大闹，那就惊动了教会的同志，甚至是上帝。那怎么得了，所以当时就讲清楚，同志，我向你借钱，我若还不上来的话，咱们就此打住，你不要到教会去闹，闹不好咱们哥俩一起进地狱。想好了，到此结束，有限责任制，不能再干了，再干下去两个都不讨好，所以才会有有限公司啊！教会在后面，不敢冒犯上帝，因此，我借多少钱，还不上来，就到此结束，理解我的意思吗？

所以，你们看我们把股份有限公司看得不得了，可是实际上管理权跟所有权是分离的，因为教会没有继承人它不得不分离，所以它只有找职业经理人。那么为什么是有限责任制呢？因为怕上帝的处罚，不敢到教会去闹，搞了半天，当时股份制之所以产生是一个不得已的制度啊！这就是我在课堂里面一再告诉各位学员的，我们这个民族，看什么东西都只看表面现象，以为在欧美各国出现的股份制是一件了不起的事情，可大家哪里知道这个制度的来源是不得已的，根本不是因为它好，而是因为没有办法。为什么在欧美各国的股份制以今天的眼光来看，它运营得比较成功呢？各位知道吗？为什么股份制到了中国却出现了坑蒙拐骗的事情，前几年我们股份公司干坏事干得少吗？甚至现在都还有，它为什么在中国就有些玩不转，在欧美就玩得转呢？那就是我一再强调的本质问题。

二、良心：股份制成功的基础

你要研究欧洲的历史，你就要了解为什么在当时的欧洲，它的股份制玩得转。原因很清楚，因为当时的教会有一个很有趣的现象。

我讲给你们听啊，当时的教会是神权的中心，这些职业经理人心里面存有的仅是对上帝的“信托责任”，所以“信托责任”是在宗教里面形成的。我今天既然当了这一家教会公司的职业经理人，我凭着上帝所托，我会尽我的责任把它做好。我告诉各位，这种以良知为基础的“信托责任”，是股份制得以生存的唯一原因；也就是说股份制要能推行，我们必须要有良心，你必须全心全力地为教会做事，因为这是上帝的企业。那么各位读者，各位来宾，我们中国的企业家都具有这种良心吗？有这种优良的传统吗？我姑且不做回答。股份制成功的基础里面是有良心的，理解我的意思吗？

那么在欧洲，我这样讲好了，欧洲是现代科学的发源地，是现代专业知识的发源地，这些知识基本上都来源于教会。各位还记不记得，我们读历史教科书的时候，就晓得从清朝康熙皇帝开始，欧洲的传教士引进了什么？引进了数学，康熙皇帝非常喜欢数学，你们不一定都喜欢数学，说不定还很讨厌数学，你们的水平是赶不上康熙大帝的；他数学学得还挺好的，一代明君没有两把刷子是玩不转的。为了学理工科，他引进了大量的传教士，引进了现代科学，所以科学这种现代知识基本上是来源于西方的宗教，那么我们讲得更学术一点儿，教授的英文是什么？

我想跟各位谈谈这个问题。在一千多年前的西方的宗教叫教授什么？它与专业是同一个单词。原来教授本身就是一千多年前专业的延续，专业就是从当时的教会里来的，它就是西方科学的源泉。神父、传教士不但保留着西方的科技文明，同时还有着针对上帝所产生的来自良知的“信托责任”。在这种有良知的“信托责任”的压力之下，在对上帝的责任驱使力之下，股份有限公司得以生存。

三、加尔文：救赎的价格弹性等于零

有趣的是教会经营股份有限公司太成功了，可是三四百年之后，教会腐败了，它腐败到了什么地步呢？当时流传着一种说法：说是你们想得救吗？把财产捐到教会去，教会想说好麻烦啊，还要管理你们这些财产，干脆给现金算了，所以就说，你们想得救，就不要把土地和房屋捐给教会，干脆直接给钱好了，我给你们一张票，叫什么？看看各位朋友的水平怎么样，赎罪券出来了，各位还有印象吧！念本科的都有印象吧！原来赎罪是有限公司的产物，那这样好了，你们就不要把这些财产给教会了，干脆用钱来买票，发给你们一张赎罪券。好了，你们就得救了，教会就不要再麻烦地去进行管理，直接拿现金多好！现金为王。可是运行了很长一阵子以后，教会还是觉得挺麻烦的，你们买赎罪券我们教会还得接待你们，还要给你们虚情假意地祷告一番，好烦啊，我们在后面吃喝嫖赌多好！在黑暗时期真的是这样的。好了，干脆你们别来了，我们每个街口摆一个什么……就是连锁店，这就是麦当劳的前身，理解我的意思吗？它干吗用呢？专门卖赎罪券，你们直接在那里买赎罪券，买了之后，他们来结账，我们都不用接待你们了，到最后宗教教会沦落之至，干吗呢？就是干吃喝嫖赌几件事。最有名的就是有一个叫教宗，当然我们没有一个适当的翻译，他的英文名字叫 Borgial。

我给他翻译成大主教，宗教改革怎么产生的？你们听我讲历史故事，特有意思。你们都听过宗教改革的故事，大家都搞不清楚是怎么回事，我最清楚。这位大主教荒淫无度，他的手下有一位红衣主教，就是加尔文。

背景提示

加尔文有一天匆匆忙忙地冲进大主教的房间里，要跟他汇报事情，结果看见大主教正跟他的私生女乱伦，加尔文极度愤怒，他就走到床前，不是去看，不是看《色·戒》，不是这个意思，走到床前拿起教皇的权杖，高高举起，重重地砸在地上，摔得粉碎，并大喝道从今天开始要发动宗教改革，让大主教永远受地狱之火的煎熬，于是，宗教改革开始了。

宗教改革是什么目的？太有意思了。有一句话，叫作救赎的价格弹性等于零，我特别想用经济学的观点来解释这种现象。

我们后来的人，就故意开这个玩笑，就是救赎的价格弹性等于零，这个话是什么意思？就是说，你出多少钱都不能得救，因为弹性为零，“你出多少钱都不能得救”这个观点是加尔文当时提出来的，这就叫宗教改革。这么一来，宗教改革成功了，风起云涌，在欧洲都漫延开了，大家一看，无论我们给多少钱都不能获救，还要下地狱的话，我们就怎么样了？我们就不给了，这是很正常的现实。你看宗教在欧洲的中世纪，15 世纪之后，16 世纪开始便衰退了，因为我捐了钱给教会，我还是不能得救，我就要有所考虑了。那么这个时候，一些历史现象发生了，这个历史现象很奇怪，你们就发现这一切都好像是天意。

四、马镫上的骑士：大国崛起

民族国家兴起了，欧洲的民族国家兴起了，当然，我在拍摄《大国崛起》一讲时，谈到了这个事情，为什么那个时刻国家会崛起？以前欧洲人骑马是没有马鞍的，抓着马鬃，腿夹着马肚，那很不方便，是不是？至少一只手抓着马鬃，腿夹着的，那个马骑起来是很颠的，我不知道你们骑过马没有，很颠的，用剩下一只手打仗很不方便。好了，当时的中国在这个时候输出了一个高科技产品，叫作马鞍。马鞍有什么好处呢？它有马镫，就是踩脚的地方，因此，骑士可以坐在马鞍上面，踩着马镫，用两只脚控制马，各位理解吗？因此，多出来两只手，干吗呢？可以打仗。所以就在这个时刻，专业的骑兵出现了，这个专业的骑兵呢，是要花很长的时间进行训练的，就像你们念本科一样，要花十几年的时间准备考试。马鞍搞好了，有长矛，这个都要学习，戴着头盔，穿着铠甲，那盔甲重得要命，盔甲一穿，人走不动路，必须躺在担架上面由侍从把他抬上马去，所以马也挺倒霉的，背一个人，还背一套盔甲，沉得要死，但是那个时候的骑士就可以踩马镫，拿着长矛去打仗。这个时候请注意，当时北方的蛮族，一直入侵欧洲，可能由于有高科技的骑士，穿着盔甲，拿着长矛，因此就可以在五六米之外把北方的蛮族刺倒，你知道这具有什么划时代的意义吗？那就是很多地方的有钱人开始养这些骑士，养这些骑士有什么好处？他就可以自己搞一块土地，这就是我的领地，叫作国家。

因为我有骑士可以保护我，成立一个国家，国家有了以后，有什么好处吗？国家是什么意思啊？国家太有趣了，和中国不同，欧洲的国家这么形成之后，欧洲的城堡是在中间，它的围墙只围住贵族，围住有钱人，他们去买骑士，那老百姓呢？都住在城墙外，这就是欧洲。你们看看我们中国，像北京城老百姓都住在城内，叫作围城，围在一起，像结婚一样围在一起。欧洲不是，欧洲是城堡在中间，老百姓住在四周，刚好相反，很有意思吧。你看这个时候国家成立了，然后就跟老百姓讲，你们搞清楚啊，我保护你们啊，使你们不受北方蛮族的侵害，你们得交保护费，这就是从保护费开始而来的税收，你们交了保护费，美其名曰是税收，其实就是保护费的意思，我们养骑士保护你们，所以欧洲的国家成立了。

那么收税，买骑士，收税，买骑士，买了一部分就不用再买，用不了太多嘛，但结果却是税照收，军队人士不必增加，到最后钱越收越多，这很爽啊！他们越来越有钱了，并且没有什么花费的了，于是就开始花天酒地了，这就是欧洲的历史，太有趣了。但是老百姓不爽了，你们知道吗，老百姓说凭什么是你们收税收，我们在这儿忙呢，这个不行，首先发难的就是这批贵族骑士：我们打仗，你独自享受是不可以的，我们要分配权利，所以在这个时候产生了第一个议会制度。干吗呢？分赃之用，叫作什么？上议院。

目前，上议院在英国跟加拿大还都是由贵族组成的，什么目的？和国王分赃，共同享用这一笔税收，这就是税收的来源，当然，现在税收在各个国家都有了。国王在上议院的要挟之下，觉得很不爽，征税还要受到上议院的同意，还要跟他们一起分，心里越想越不爽。有没有别的办法，可以不要通过上议院？结果他手下有很多很聪明的学过金融知识的参谋就跟他说，有办法！什么办法？你直接从海关进口！怎么进口？你侵略别的国家！自16世纪，整个四五百年欧洲国家对全世界的侵略就是从这个时候开始的，为什么？为了钱。你们会发现这一切都跟当时的股份有限公司息息相关。好了，那弄什么公司呢？在他们的心目当中，我们中国这一带都叫作东印度，因此各个国家都成立了，我们中国人至今难以忘怀的，民族的仇恨，叫什么？东印度公司。什么目的？就是替国王绕过上议院到别的国家抢黄金、抢白银供他们挥霍，好了，很爽，像西班牙、葡萄牙有一大堆的黄金，结果黄金多了，搞得欧洲通货膨胀都来了，非常好。

打呀打的，老百姓不爽了，为什么不爽？老百姓说凭什么牺牲我们的子弟，供你们去消费，这不行，所以这一群老百姓聚在一起说不公平，我们要反对。好了，这些老百姓聚在一起，当然都是在晚上的派对，叫作Party，Party我们翻译成派对，就是晚上的聚会，在这个派对上面大家讲不公平啊，凭什么我们打仗，让你国王去消费，这不公平。好，结果这些人就开始分享国王的权利，分享贵族的权利，叫作什么？叫作下议院，你们记不记得政党的英文是什么？Party，一样的单词，你知道来源了吧，就是来源于这些人在派对里面想要如何反对政府，反对国王的剥削，所以形成了不同的利益团体，各自形成了自己的Party，我们把它翻译成政党制，那么就形成了下议院，这就是欧洲议会制度的起源。

五、股票市场：将“白条”卖给傻瓜

从16世纪开始的侵略战争，打得各国都是民穷财尽，因此，各国政府要积极筹措战争经费，怎么筹措呢？于是就开始发行了世界上的第一种债券，交换战争的债券，但是战争债券到期了，要还啊，还不出来啊，怎么办呢？对，就是我们都不陌生的事——打“白条”，今天还不出来了，两年以后再还，打“白条”。两年以后“白条”又到期了怎么办呢？结果，这个“白条”堆得像山一样高，整个“白条”堆在一起，这么多的存量啊！

最后，国王开始伤脑筋了，我该怎么办？他手底下又有很多天才，都是学过金融知识的博士天才，这样的话我们一定要把“白条”给卖出去，那国王说卖给谁呢？咱们就卖给一些傻瓜吧！怎么找到这些傻瓜呢？智囊说国王请放心，到处都是，只要你能够创造新概念，傻瓜是不缺的！国王说那我应该怎么做呢？这些聪明的人说，要把这些“白条”卖掉的话，就首先要搞一个市场才能卖。什么叫市场啊？

市场就是Market，所以搞一个什么市场？Market，我们翻译成什么？股票市场，实际上叫作“白条市场”（Stock Market），股票原先一直是“白条”的意思。那么国王说搞这个市场怎么行骗？他们说你要骗人就不能够像我们街上的菜市场一样，那个不好骗！国王说那怎么骗？你得搞一个富丽堂皇的，摆一个大理石的柱子的交易所，这才好骗！这就是为什么各地的股票交易所都是那种大理石的柱子，干吗呢？好骗人呀，理解我的意思吗？交易所漂亮干吗呢？就是为了吸引更多的人炒股票，理解我的意思吧？好了，搞得富丽堂皇的非常漂亮，那问题来了，怎么骗啊？制造概念股，什么概念呢？股票的价值目前是看不到的，那么人们为什么会去买股票这张纸呢？它的价值在哪里呢？它的价值就是未来的现金流。

未来的现金流用什么做保障呢？那就是东印度公司的保障，东印度公司将来会去侵略中国，中国那么幅员辽阔，那么宽广的土地，有多少黄金、白银等着我们去拿啊！所以只要东印度公司存在，未来的现金流就可以从中国的黄金、白银里去拿，所以每一张债券都有着其他各个国家的黄金“白条”做担保，那么如何取得呢？通过什么方法？东印度公司的侵略。今天的金融管理、财务管理，如果你们学过这个科目的话，问老师也好，问同学也好，股票的价值是什么？你会发现他们的回答是一模一样的，股票的价值是等于未来的现金流。这个和 400 年之前的骗法是不是一样的呢？目前这张股票看起来只是一张纸，但是它是有价值的，价值在哪里呢？在未来的现金流，现在看到看不到没关系，未来的现金流，从 400 年前骗到现在，还是照样骗，因为傻瓜太多了。第一批傻瓜买了以后，就开始忽悠第二批傻瓜，告诉他们你们看未来的现金流、东印度公司会给我们创造多少财富啊！所以股票的价值越炒越高，第二批傻瓜又买了。然后以同样的理由卖给第三批傻瓜，第三批傻瓜卖给第四批傻瓜、第五批傻瓜……卖下去终于在 17 世纪和 18 世纪末发生了非常严重的三次欧洲金融危机，股票市场完全崩溃。为什么？因为市盈率太高，你发现这个历史很有趣，你今天所经历的一切，在过去都曾看到过。市盈率过高，造成了股票市场的崩盘，直到18世纪中叶，英国也好，法国也好，都完成一个什么？《泡沫法案》。

六、法治化：让你不敢没有良心

你知道《泡沫法案》是讲什么事的吗？他们发现在当时的股票市场里面，很多股份有限公司造假，进行内幕交易，操控股价，利用银行借来的钱去操控股价，这使很多国家的老百姓最后血本无归。因此，在18世纪初，英国跟法国的《泡沫法案》里面就有了明确规定。英国规定，不准有股份有限公司，禁止股份有限公司达到100年之久；法国的《泡沫法案》禁止银行达到150年之久。为什么？因为很多人向银行借钱炒股票，坑害股民，看到没有，禁止股份有限公司达到100年之久。朋友们，现场来宾们，你们知道是什么意思吗？这个社会一旦丧失了良知，一旦丧失了以良知为主的"信托责任"之后，股份有限公司一定会成为剥削百姓、剥削股民的最有效的工具之一。这就是我要告诉各位的话，所以在我们引进股份有限公司之前，有没有考虑过为什么有股份有限公司，它的存在基础是什么？相信我讲的这个故事大家都听懂了，原来股份有限公司它的背景这么复杂。那么在 17 世纪、18 世纪、19 世纪，一直到 20 世纪初，股份有限公司日渐衰落。

因为它缺乏了存在的基础——良心，这就是欧洲历史告诉我们的。可是我们这个民族不是一个喜欢读书的民族，我们从来不去关注别的国家和地区发生的历史，我们让时代的悲剧依循着历史的巨轮不断地重演。

那么为什么欧美各国的股份有限公司到了 20 世纪初，又开始出现了呢？这个故事就太有意思了，因为到了 1929 年，美国发生股票市场大崩盘，美国的股票市场大崩盘和当时的欧洲金融危机是一样的，原因也是一样的，也是由于内幕交易、操控股价、借银行的钱炒股票。当时崩盘，我记得这个数据应该是由当时 890 亿美元的市值跌到 150 亿美元左右，大跌！1929 年经济大恐慌，又再一次严峻地考验了股份有限公司的生存能力。但是美国在这个时刻，没有像当时的欧洲一样，禁止股份有限公司，而是采用了一个全然不同的观念，那就是从 1932 年开始，美国政府为了挽救股份有限公司采用了严刑峻法，让人们不敢没有良心，让人们不敢没有“信托责任”。所以你们看，从1932年之后，当美国引进了严刑峻法的法治化之后，股份有限公司才重新导向了正途，这时候的公司呢，才能为股民创造财富。各位再想一想，这个时期的美国为什么会变得如此之富强，其基础是股份有限公司的再造，如何进行再造？

1890年美国哈里逊总统推出了一个法案，也是我们中国最近刚刚通过的法案，叫作《反垄断法》，各位听过没有，这里我想跟各位谈谈法律的问题。

那么大家请注意，《反垄断法》的本质是什么？我把这个《反垄断法》的英文写给各位看看。这叫《反垄断法》(Anti-Trust Law，中文有时也译作《反托拉斯法》)，Anti是反的意思，Law是法律的意思，Trust是垄断的意思，好像跟你们所背的单词不一样吧。我们电视机前的观众朋友们，如果你们不知道这个单词的意思就去问问你们的子女，只要念过高中、初中的学生都知道这个单词，是什么意思？这叫什么？信用，但在这里它的意思不是信用，Trust还有另外一个意思，信托基金。所以美国的《反垄断法》

的本质就是反信托基金法。

那么，对于今天我们国家推动的《反垄断法》而言，我们这个节目具有特别重大的意义，我要让大家知道它的本质是什么。根据我前年在欧洲发表的一篇文章，我们发现在当时，信托基金的持有人是谁？大家族，所以美国《反垄断法》的基本本质就是反大家族法。怎么反？就是让各个大家族在股票市场上以高市盈率套现，永远地退出历史舞台，各位看看你们的电脑，惠普电脑是惠普家族所创办的公司生产的，你们如有兴趣上网查查惠普电脑的董事会还有没有一个惠普家族的成员，一个都没有。很多私营品牌都是大家族的名字，比如麦当劳，但是董事会里没有一个这个家族的人，为什么？美国的《反垄断法》要求他们退出，所以美国是全世界除了英国之外，少有的大众持股的国家，而且是股份有限制，股份有限公司的大众持股公司。这个意义是特别重大的。

你知道为什么吗？到了1932年推出了严刑峻法的法案，要求每一个职业经理人要像1000年以前一样，当时有良心，现在没有是吧，没有关系，用法律逼着他们不得不有良心，他们要做什么呢？他们尽最大的力量，对自己的股东予以信托责任，要像1000年以前一样，对上帝的信托责任，要替他们的股东创造财富，那么谁拥有美国这些上市公司呢？不是大家族，那是谁啊？都是小老百姓，大众持股公司嘛，因此只要能够赚到1美元，就能够通过股票市场的放大，以市盈率放大30倍，挣到1美元，股民，全国老百姓就可以得到30倍的回报，各位理解我的意思吗？那么只要美国经济不断地增长，企业不断地赚取利润，通过市盈率放大30倍，回馈给谁？不是再度回馈给大家族，而是回馈给全体老百姓，各位懂我的意思吗？你看到没有，股份有限公司到了美国的手里，利用严刑峻法再配合上《反托拉斯法》，让这些股份有限公司成为老百姓的公司。而利用这种严格的法律逼迫今天的职业经理人像1000年以前一样，凭着自己的良知，凭着自己的信托责任为公司的股东创造财富，而这些股东不是大家族，是全体老百姓。这就是美国的股票市场再分配财富的过程。

七、改制：形体来了，却没有灵魂

你们看经过我这么简单的解释以后，忽然发现，我们做改制这么多年，竟浑然不知改制的基础是什么？也不是说我反对股份有限公司，也不是说它不好，而是如果你们曾经读过欧洲历史，你们就晓得股份有限公司必须有两个条件，其一就是一定要有良心，自发的良心，也就是当时对上帝的良心；如果没有良心，就要用严刑峻法的法治化游戏规则让人们不得不有良心。那么如果一个国家，一个社会，一个地区，既无良心，又无严刑峻法，搞股份制是不是很可笑。所以，你们现在看美国，美国这么富强，美国上市公司都是股份有限公司，所以我们要学习美国什么？只学习美国的表面现象，当把股份有限公司引进到中国来之后，大家才发现形体是来了，可是灵魂却没有过来。

所以我们的改制，我们的改制与上市，只有躯壳，而没有抓住本质的东西。所以我再请问各位了，为什么我这么强调法治化建设，为什么我主张由政府来推动法治化建设，这都是有一些历史原因的，但我们今天不谈政治题目了，我就通过所谓的股份有限公司的故事来告诉各位，历史有多么的重要。

我相信在我们节目播出这个历史故事之后，应该会震撼到很多人，我想通过这个故事清楚地告诉大家，我们学习西方到现在为止，基本上学到的都是表面现象，而没有学会西方资本主义的真正的本质灵魂。我在前几期节目里面曾经谈过金融大鳄，说这些金融大鳄像美国这些有名的金融公司，在美国如此奉公守法，为什么到了中国香港，到了中国内地却如此胡作非为呢，这不也是股份有限公司吗？这不也是股份制吗？为什么呢？以前大家不懂，只要听我讲这个故事以后，人们保证豁然开朗，原来股份制的本质就是要有良心，没有良心就要用严刑峻法逼迫人们不敢没有良心，这就是基础。在美国有严格的法治环境，人们不敢没有良心，到了中国香港，到了中国内地，一旦缺乏法治化的规范，一旦丧失良心，它就一定会大欺小、强欺弱。

八、经历阵痛：为下一代建立信托责任

观　众：郎教授，你好，我想问一个问题，就是说在你讲的这些历史故事里面，你希望自己能够扮演一个什么样的角色？或者是已有一个什么样的人物，是你想要成为的角色？第二个问题就是说谈到这个信托责任，西方欧美一些国家的人民是比较有福了，在这个时代来说，生来就有人为他承担信托责任，中国人民要靠谁来承担这份信托责任呢？中国的社会说没钱吧，其实还是有些钱，有些基金，我们把这些基金交给有信托责任的人，而这些有信托责任的人是不是中国人我们不在乎，我们应该通过什么渠道来接触到这些有信托责任的人呢？

郎咸平：非常好，你这个问题问得很深刻，我愿意回答你这个问题，首先第一个问题是我想担任什么角色，事实上我本人是学金融的，但是我谈历史，谈法律，谈政治都可以，我并不是把自己当万

金油，什么都谈，而我所谈过的课题，都是经过相当深入研究的。我的目的是希望促使这个社会进行反思，我认为今天中国的危机来源，是由于思维的僵化。因此，我做任何节目，都会不断地强调这一点。我们首先要与国际接轨的不是什么股票市场，不是汇率制度，而是人们的思维。你们要了解西方社会，你们如果都是第一次听说的话，你们不觉得民族有危机吗？我们引进这么多西方的东西，而我们对它们的灵魂却一无所知，你们不觉得危险吗？所以我本人想扮演什么角色呢？为了国家，为了民族，为了老百姓未来的利益，我担任的角色很清楚，就是担任一个思想的指导者，思想的先锋。

关于第二个问题，信托责任由谁来承担，我们这一代不像欧美人士，2008 年欧美人士就生活在信托社会里，而我们却不是，那我们应该怎么办呢？我告诉你们，每一个国家都会经历这种阵痛，那么这种阵痛将在我们这一代人身上演绎，所以我希望我们每一个人都要有这种勇气，为你们的下一代而活，而不是为自己而活，我们这一代干什么呢？我们这一代一定要了解我们的问题所在，尤其一定要替下一代建立起良好的信托责任，通过各种方法，包括我说的法治化建设等等。我们是为谁？我们是为下一代，为了我们的子女而活！

九、秘密：要成功必须把握本质

观　众：我想请郎教授本人回答一下，你在这个领域，作为一个经济学家，你觉得把握住了这个领域的本质了吗？

郎咸平：作为经济学家，认为经济领域的本质是什么？经济领域的本质是根据事实，根据数据来说话，什么叫作科学的精神？这种科学跟伪科学不是前一阵在网上炒得很热吗？我做一个定义吧，关于经济学，我讲的话可以被复制，你们只要用同样的数据，同样的方法去做研究，一定会得到相同的结论，这叫什么？这叫作科学，所以以科学为本的研究成果，以科学为本的发言，这是经济学家应该把握住的行业本质。

观　众：郎教授你好，我想问一下中国现在股份制改革现状如何？

郎咸平：现在所谓的股份有限公司已经是成为

大家耳熟能详的名词了，我相信无论你是否是从事商业经营的人，你都知道什么叫公司，也都知道什么叫作股份有限公司，也理解管理权、所有权分离，还理解所有权是什么意思，这些都是很简单的概念。我可以这么说，我们所有的国有企业都经过改革了，民营企业也好，国有企业也好，现在基本上都是股份制的公司。那么这个问题就是我今天提出来的，既然都是股份制的公司，我的问题就是你理解股份制吗？

股份制的外表好学，像我们现在干的，管理权、所有权分离，你的责任是有限的，那么前面我就谈到从宗教谈起为什么有股份制，为什么会有有限责任，一直谈到议会，我觉得我前面那一段谈话，可以用一个短片做一个简单的说明，那么现在我就想和各位谈一谈，现代的金融制度从何而来？为什么现在的股份有限公司在欧美各国运行得极其良好，虽然在当时给中古世纪的欧洲造成了沉重的打击。一个没有良知的有限公司，是最容易成为剥削老百姓的公司。从这期节目我继续往下谈，从议会制开始谈，现在的金融市场是如何起源的。

第二章　回顾公司治理的历史

公司治理的历史背景是什么?

谁开创了公司治理的先河?

一、1720 年的欧洲：公司治理的历史背景

我把各位读者的思绪带回到 1720 年的欧洲，讲一个历史故事。

背景提示

1720 年，英国、法国等国针对当时所发生的三次欧洲金融危机拟订了一个《泡沫法案》。所谓三次金融危机，是指连续发生的三次股票市场大崩盘。各位可以上网查一下，包括法国的“密西西比泡沫”和英国的“南海泡沫”[参见 Irving（1998 年）]。

我们再往回看，在 1720 年之前到底发生了什么事情？从 16 世纪到 18 世纪的一两百年间，是所谓的“重商主义”时代。举例而言，当时的欧洲各国政府，为了掠夺大量的黄金白银，所以成立了全世界第一家国有企业——东印度公司（这个公司给我们中国人带来了无穷的噩梦）。东印度公司是国有企业，是以炮

舰为前导、以营利为目的的一家公司。当时，欧洲各国政府为了掠夺殖民地，不停地打仗，打得民穷财尽。不得已只有发行战争债券，这是世界上第一种债券。但问题出来了，战争债券到期得还钱啊。如果还不起怎么办呢？那只有打“白条”了。把这些还不了款的“白条”摞成一堆的存量，英文就是“stock”，也翻译成“股票”。当时就有几个聪明的人说，要还掉“白条”就得搞个“市场”来骗人。市场叫作“market”，所以就搞了一个“stock market”——“白条市场”（我们翻译成“股票市场”）。

政府将“白条”卖给第一批傻瓜。第一批傻瓜再用同样的理由卖给第二批傻瓜，然后再卖给第三批傻瓜。到最后把“白条”的价格炒得奇高无比。可是，这么细小而不成熟的市场所寄托的只是未来不可预测的现金流。因而，终于发生了三次金融危机，就是我刚刚说的“密西西比泡沫”和“南海泡沫”。

到这个时候，欧洲各国政府才理解了股票市场官商勾结、内幕交易、操纵股价以及借钱炒股的本质。我们今天在中国股票市场上看到的不法事件，在当时都曾发生过，只是很多人不了解这段历史。欧洲三次金融危机过后，欧洲政府就在1720年推出了一个《泡沫法案》。英国政府禁止设立股份有限公司达100年之久，而法国政府禁止使用“银行”这个名词达到了150年之久。

欧洲当时官商勾结情况非常普遍，这种腐败竟然被视为是经济发展的必然过程。而且这些利益团体到处散播一些似是而非的言论，包括政府图利、利益团体有助于经济的健康发展等等。因此，一些令人发指的现象出现了，比如，利益团体贿赂、勾结国会议员通过牟利法案，乘机致富。亚当·斯密非常忧虑这种腐败现象会导致大英帝国的沉沦，因此撰写了《国富论》，希望改变大英帝国官商勾结的腐败现状。但是，当时的情况非常严峻，斯密要改变现状就要使得议会的议员和利益团体脱钩，但是他们勾结了那么多年，哪有可能使得他们脱钩呢？亚当·斯密为了终结这种勾结现象，他不仅要说明政治干预对经济的损害，还必须从一般意义上论证经济运转完全不需要政府的干预。亚当·斯密不希望冗长的理论论述妨碍读者的阅读，于是，使用了一个有说服力的隐喻，这个隐喻在所有的经济学著作中频繁出现：那就是亚当·斯密论证了市场可以由“看不见的手”自我调节，由此反对政治干预经济利益的再分配。亚当·斯密的《国富论》改变了人们的观念，他提出“看不见的手”这个观念，认为政府应该退出经济运作舞台，让经济自由地发展才是对国家最为有利的，这个观点使得那些操纵议会的人感到汗颜。

当时，另外一个因素则是工业革命的到来，比如蒸汽机和机械纺织等。工业技术使得英国北部的工业城镇快速兴起，因而，威胁到了地主的政治空间。其中一个关键的事件就是《谷物法》（*the Corn Laws*）的出台，它限制了英国从一个新兴国家——美国进口食品。较高的食品价格使得地主们可以向农民征收更多的地租，但是这也增加了人们的生活成本，从而资产阶级就必须为工人支付更高的工资，因而就减少了他们的利润。为了废除《谷物法》，资产阶级必须在议会中不断削弱地主们的政治权力。他们通过政治改革达到了这一目的。政治改革使得新型工业城市的政治权力得到了扩展，上议院的权力也受到了约束，最终，为资产阶级主导立法奠定了基础。

但是，其后的欧洲情况继续恶化，并形成了资本主义最黑暗的时代。工人们工作很长的时间，却只能得到极少量的工资。为了维持生计，工人只好将家里的孩子送到一些生产环境不够安全的地方去工作，从而剥夺了他们受教育的机会。马克思和恩格斯在他们 1845 年出版的《英国工人阶级状况》一书中对这些苦难进行了描述。1799—1800 年英国通过的《联合法》（*the Combination Acts*）使得资本家仅需要提供给工人维持生计的最低工资，这个法案惩罚了一切妄想组织行业工会来保护自己利益的企图。例如，1833 年，一些农业工人想要建立工会，结果他们和一般刑事罪犯一起被流放到了澳大利亚。这些受害者至今仍被人们当作烈士纪念。资本家这种对政治的操纵是马克思在《共产党宣言》中提出“资本主义国家只是资产阶级的执行委员会”这一论断的基础所在。另一个臭名昭著的例子是发生在 1901 年的“塔弗维尔案”（the Taff Vale Case），其最终审判结果判定工人罢工不合法，因此将铁路工人罢工导致的 23000 英镑的经济损失强加在了工人们的头上，雇主可以从工人工资中扣除因罢工而产生的损失。

二、《资本论》揭开财富创造的秘密

1867 年，伟大的经济学家马克思在《国富论》出版 90 年之后写了一本巨著，即《资本论》。这本书在当今世界历史上所扮演角色的分量之重，是我们所不可想象的。当时的欧洲社会，是遍地暴动，社会严重动荡不安。究其原因，就是社会财富由于资本主义发展过速，而造成以大欺小、以强凌弱的不公平现象。在社会财富分配严重不公的情况下，原始的资本主义遭到了挑战。马克思利用历史的观点，详详细细地披露了一个让人悚动的理论，那就是劳动剩余价值说。他写这本书的时候，是以之前的经济学家李嘉图的观点为依据。李嘉图认为这个经济体系所创造的财富是由劳动力所创造的。我们今天研究经济学仍然秉承这个观点。最原始的生产力就是劳动，劳动创造资本，资本因为劳动才有了后续的活动［这个理论在 1966 年由诺贝尔经济学奖得主萨缪尔森

（Samuelson）在 *Quarterly Journal of Economics* 发表的论文中得到证实］。马克思认为如果这个社会的财富是由劳动创造的，那么资本家为什么那么富裕呢？显然是资本家剥削了劳动者的剩余价值。他以相当的篇幅陈述了一个观念，就是从大历史的视角来看，工业革命结束了封建王朝，而工业革命之后就是追求公平的共产主义。当时，所谓的“共产”，目的就是追求公平。马克思并不是不重视效率，而是认为效率是由外部因素所推动的，例如蒸汽机的发明改进了效率。但是《资本论》对公平的追求影响了欧美国家此后数十年法制系统的改变。这本书所描绘的情况，深深地打动着每一个人的心，因为欧洲资本主义走到了 1867 年前后，几乎要到达尽头，整个社会无法再容忍不公平的现象存在了。当时，一种追求绝对自我的理念，使得巴黎、伦敦等地变成了肮脏、臭气冲天的城市。每个人把大小便、垃圾都往街上倒，因为我只要自己好就是了，不管别人死活。这不是我们今天经常听到的话吗——“东西是自己的才会做得好？”但是，如果每一个人都只顾及自己好，而把垃圾都扔到街上，那结果会使得整个巴黎、伦敦、维也纳等城市臭气冲天。当时，不论是经济结构，还是社会环境，都处于崩溃的边缘。所以《资本论》的结论就是资本主义必定灭亡。我可以告诉各位，马克思心目中的原始的资本主义确实已经灭亡了。

第三章　公司治理的五大基础

普通法的公平概念被引入；

信托责任；

严刑峻法以保障公平；

法治化保证信托责任的推行；

社会主义式的民主制度。

一、基础一：普通法的公平概念被引入

我讲过，在马克思心目中的原始的资本主义确实已经灭亡了，可是，其后的资本主义就在《资本论》的冲击下逐渐社会主义化，公平的概念慢慢生根了。以英国为例，英国国王亨利二世创立的皇家法院编辑了过去的判例，形成了今天普通法系（也叫海洋法系，或者英美法系）的基础。值得关注的是，由于受到了马克思主义的冲击，英国大法院开始研究《平等法》（中文翻译成《衡平法》）。《普通法》和《平等法》两个法案于 1873 年和 1875 年在英国司法法案中合并，成为今天的"普通法"。《普通法》所追求的，是把一个社会的平等观念，加入到法案里面。

什么叫作社会的平等观念？举个例子，在英、美两国的法院，真正形成判案决断的不是法官，而是陪审团。这个思维我们很难理解，因为我们中国所遵从的是"精英主义"的理念。所谓"精英主义"就

是你在年轻的时候，爸爸妈妈天天督促你读书，告诫你不好好读书怎么考得上清华呢。你这次考了个97分，还不好，还要好好努力，下次一定要考满分。把书念好了，将来才能成为社会的精英。我们这一群人，包括我在内，都是“精英主义”下的可怜虫。我小的时候，父母就逼我念书，我的智商又不是很高，念得非常辛苦。我当时就想，等我将来当爸爸以后，绝对不逼我的孩子念书。结果我当了爸爸以后，不但逼我的儿子念书，还要逼他学小提琴、学钢琴。这就是“精英主义”在作祟。在“精英主义”制度下，我们很难理解，也无法体会《普通法》的平等理念。

我想问读者一句话，假设今天你要去法院打官司，有人告诉你，这个法官是哈佛大学的博士，你马上就放心了。如果别人告诉你，这个法官是个老百姓，你一定担心死了：“完了，完了，这官司别打了。”我们都是这么想的，因为我们都是“精英主义”所培养的“人才”。但是英国司法法案所强调的就是“非精英主义”。整个社会的公平标准，不是由社会精英所决定的，而是由普通老百姓所决定的。也就是说由社会大众组成陪审团。比如说像我这种有沃顿商学院博士学位的教授，都有可能被认为是神经病，简称偏执狂，而被排除在陪审团之外。因为我这种人特别自以为是，所以是不能在普通法系里面担任判案人员的。各位知道为什么吗？因为我一向有个先入为主的观念，念博士就是这个目的，让你知道如何坚持自己的偏见叫博士。

可是判案就不行了，普通法系中的判案是不能让你有偏见的，所以对方律师会问陪审团团员："你们最近有没有看报纸了解案情啊？"你只要说看了报纸了解过案情，你可能就会被淘汰，因为你不客观因而不够当陪审团团员的资格。如果是博士呢？也可能要被淘汰。陪审团就要找那些不看报，也不看书，每天浑浑噩噩，打打麻将的人。各位读者知道为什么吗？这就是普通法系的伟大创建，因为像这样一个成天打麻将的人，他脑袋里所想的，他的价值判断标准，是从小到大这个社会哺育给他的，包括电视、收音机、邻居、朋友、老师、同学所灌输给他的想法。他这个简单的想法，是整个社会价值判断的浓缩，因此他会判案。各位知道吗？只有在普通法系的国家，才能有好的股票市场，如果不在普通法法治之下，就没有一个好的股票市场。欧洲大陆是大陆法系国家，几乎没有一个国家的股票市场是好的。比如说“银广厦”事件，这样一个明显的造假的案子，在我们中国法院很难判刑，因为犯罪通常都是走在法规之前的，而我们中国又是一个大陆法系国家，必须依法判案，没有法规在前，就判不了案，这就是大陆法系的缺点。可是，普通法系就不一样，陪审团不需要懂法律，也不需要看法规。他们会这么想，如果我的儿子成绩单造假的话，我就会捶死他。如果我的儿子成绩单不能造假，那上市公司的成绩单为什么能造假呢？那么它就有罪。他根本就不需要法学知识，也不需要学习。他只要凭他的一个简单、普通的理念，就能够判别出你是否有罪。这样一种定罪方法，把全社会老百姓所认知的价值标准，当成一个社会的公平标准。这种创建是非常伟大的。什么是这个社会的公平呢？那就是老百姓认为是公平的，那才是公平。而这种公平，取决于全社会所有百姓的一种对公平的认知。陪审团所代表的就是一般老百姓的价值标准，这就是公平。各位请注意，这是在马克思完成他的《资本论》八年之后才形成的平等观念。

二、基础二：信托责任

除了普通法的平等观念之外，信托责任在英国的历史上也扮演了重要的角色。

背景提示

“信托责任”正确的来源已不可考，根据 Young（2002 年）的研究，其起源应该是在 1533 年时，240 个伦敦的商人每人各出 25 英镑购买了一只由三只船组成的船队的股权。而这个船队计划由英国东北方出发去寻找中国。当时的 16 世纪是个很有趣的世纪，大家都对中国产生了极大的兴趣，马可·波罗向东边出发找中国，结果他找到了。哥伦布向西边航行找中国，而他却找到了美洲。

这批伦敦商人却计划向北边出发找中国，读者猜一猜，他们找到了什么？

由于这三只船一出海即脱离了船主（股东）的控制，因此在当时不得不提出一个所谓的对股东的“信托责任”，因为船一开出去之后，股东就立刻对其失去了控制，除非这个船长自己有信托责任，否则他把船开跑了，股东简直可以说是毫无办法。这个船队在股东忐忑不安的心情下出航了，其中两只船在挪威外海沉没，最后一只船一直航行到了北极，再也走不下去了，因此不得不停在一个冰天雪地的大陆上。这些船员滑雪滑行了据说200万米才碰到了一群人，这群人的领袖叫作“恐怖大王埃文”（Ivan the Horrible）。他们互相交换物品，船员用羽毛笔、小首饰、书桌文具等等和埃文部落换貂皮等货品。有趣的是双方都认为占了对方一个大便宜。当时，这只船的船名叫“莫斯科威”（Muscovy），因此，他们就给这个地方取名为莫斯科（Muscow）。我可以回答读者的问题了，这些向北边航行找中国的人没有找到中国，却找到了今天的俄国，历史真是有趣。但是，这些船员并没有逃之夭夭，反而回到了伦敦，把貂皮等贵重物品卖掉后，让他们的股东大赚了一笔钱。下一次如果这个船长再出航的话，就会有更多的股东愿意投资在他的身上，就是因为他有信托责任。

该船的船长与当地的“恐怖大王埃文”签了一个条约，从而成立了第一家股份制公司（Joint Stock Company），名为“莫斯科威公司”（Muscovy Company）。该公司对股东的信托责任进行了具体化，而且更多的股东可以购买莫斯科威公司的股权，他们还可以投票指定该地区的总督与副总督以及莫斯科威公司的经理人。在这个管理权与所有权不得不分离的情况下，当时所谓的股东并没有什么保护措施，而仅仅依赖经理的“信托责任”维系公司的发展。而且该公司的股东在二级市场上可以私下交易股权而不至于干扰该公司的运作。

信托责任在英国扮演了重要的角色，就连今天的英国股票市场也几乎是以信托责任作为监管的主体。

三、基础三：严刑峻法以保障公平

美国除继承了英国普通法的平等精神之外，后续的法律依然受到马克思学说的冲击，而逐渐引入了政府严刑峻法以保证公平推行的观念。

背景提示

马克思主义清楚地指出资本家和劳动者之间的矛盾——资本主义要发展必定要剥削剩余劳动价值，所以《资本论》的一个基本的前提就是劳动者与资本家之间是对立的。我再请各位回忆一下美国1890年的《反托拉斯法》。《反托拉斯法》的英文是Anti-Trust。Anti是“反”的意思，那么什么叫Trust呢？就是信托基金。《反托拉斯法》到最后就是反信托基金。

大家会不会觉得很奇怪？当你仔细回顾历史之

后，你会发现历史是多么有趣——因为美国大家族实际上是很多信托基金的持有者。因此，Anti-Trust，《反托拉斯法》实际上是反信托基金法，也就是反大家族法。反大家族所代表的不仅仅是既得利益者的问题，而且还包括一个资本家的理念。所以欧美各国不但在法律层面上，例如普通法寻求一个马克思所追求的公平，同时拟定法律，化解资本家与劳动者之间的矛盾。化解是从资本家开始的，而不是从劳动者开始的，这个思想太重要了。因为从 1844 年开始到 1867 年间，马克思和恩格斯就提出作为既得利益者的资本家会利用一些伪观念来毒化劳动者，例如推广基督教精神，要求劳工接受上帝的带领，接受上帝所给予的一切，包括接受这个社会的不公平等等。所以，马克思提出，社会要进步就要打破妨碍社会进步的思想，包括基督教思想，而这也是马克思唯物主义观念的由来。为了避免马克思主义带来的冲击，因此，劳资冲突要从资本家开始化解，而不再从劳动者开始化解，这一切都是受到了马克思主义的冲击才有如此重大的思维转变的。

我给各位举个例子，微软的比尔·盖茨，在几年前提出把所有的财产捐出来成立比尔·盖茨基金会。因为他认为他今天的成就除了个人的能力以外，整个社会的哺育具有更大的贡献，所以他取之于社会，就要还之于社会。这不是一个简单的个人现象，这是从《反托拉斯法》一直延续而来的一种新形式资本主义维持公平的精神。我们很意外地发现，美国政府的矛头针对的竟然是大家族。但是它绝对不是采用所谓武斗的方式来解决，而是希望大家族颐养天年，退出美国的经济舞台。

各位读者还要注意一件事情，美国跟英国是不一样的国家。美国移民都是愿意跟过去的文化、民族、亲戚、朋友一刀两断关系的极端个人主义人群。这样的个人主义带给美国的影响是巨大的。这些人一旦成为资本家之后，带给美国社会的就是动荡与不安。

但美国的极端个人主义，再加上反对政府与商业挂钩的思潮在股票市场上就表现为剥削股民和一团混乱，而无政府的监管。因此，1933 年以前的美国股票市场如同今天的亚洲股票市场一样。1929—1932 年间，美国纽约证券交易所的市值由 890 亿美元降至 150 亿美元左右。在这期间投资者的信心完全崩溃，许多股票甚至完全没有进行交易。根据史料记载，当时美国股票市场的崩盘不是因为基本层面出了问题，而是投机因素使然。当时全美55%的个人储蓄均用在了炒股上。而其中很大一部分是利用融资（Margin）方式炒股。但政府对于融资额度却没有限制。虽然当时最大的放款者是证券公司，但其大部分融资却也来自于银行借款（这是否与亚洲极为类似）。当1929年股票市场大崩盘来临时，这就造成了连锁反应：银行逼迫证券公司还钱，证券公司强卖客户股票，从而造成股票市场的进一步下跌，银行进一步逼迫证券公司还钱……以至形成了恶性循环。

美国国会在1933年时针对此事举行了听证会。听证报告指出，20世纪20年代（1929年崩盘以前）股票市场之所以那么兴旺，主因是证券公司的炒作。证券公司发售股票时，自己先行大量买入，造成股价攀升，而不知情的投资人随后跟进（也就是中国股票市场所谓的“与庄共舞”），造成股价进一步上升。证券公司与庄家随后就将股票卖给散户而大赚一笔。

当时有充分的证据显示，上市公司的造假情况非常严重（类似于中国的“银广厦”事件），而且公司内部人士也大量参与内幕交易，并掠夺小股民，但由于法制不健全，上市公司根本不注意信息披露，甚至不出年报。此外，当时尚未建立股东大会代理制度，这更让上市公司为所欲为，对于以上描述的状况，有兴趣的读者可参阅美国 1934 年《证券交易法》第二章，其中详列了当时国会的调查结果。

但到了 1929 年以后，美国股票市场就有如前些时候的中国股票市场一样，变成了一潭死水，因为小股民不再愚昧了，他们再也不愿意将钱投到股票市场中去。于是，美国政府在时任总统罗斯福的强势领导下，为了提升股票市场，走了一步当时全美国都反对的险棋——加强政府监管以维持股票市场的发展。当时，正值美国经济大恐慌时期，罗斯福的智囊团正在拟订《国家复苏法案》（*National Recovery Act*）。而以道格拉斯（William O. Douglas）为主的智囊团也要求总统制定严格的证券交易法，其理念就是将政府力量引入股票市场监管。这与传袭自英国普通法的思维是格格不入的，因为普通法的思维就是要求政府不干涉经济的运作。罗斯福总统虽然不能完全明白监管与股票市场发展之间的关系，但第六感告诉他，“这将是美国未来百年强盛的基础。”于是，他毅然接受了政府加强监管的理念。

当时，《证券交易法》分为《证券法》(*Securities Act*) 和《交易法》(*Exchange Act*)。《证券法》授权联邦交易委员会 (Federal Trade Commission) 监管一级市场的市场规则与信息披露，《交易法》则罗列美国国会对美国股票市场前述的调查结果。

由于《证券法》主要为一级市场信息披露，不太涉及政府干涉，所以很快国会就通过了该法。但《交易法》不同，由于该法罗列了股票市场的众多问题，因此政府强力介入是不可避免的。当时，证券界担忧政府的干涉会造成股票市场萎缩（中国股票市场对我曾提出的加强监管的呼吁似乎也有类似反应），因此他们提出了自己的方案。为使《交易法》顺利通过，美国政府当时做了不少的让步，最大的让步是成立了美国证监会。为什么呢？因为证券界不希望联邦交易委员会介入，尤其不希望时任联邦交易委员会主席同时高呼管制的杰姆斯 · M. 兰德斯（James M. Landers）介入，因此他们同意成立一个政府的代理机构，即美国证券交易委员会，而证券交易委员会的取名很可能是从《证券法》《交易法》和联邦交易委员会各取一字而成，也就是 Securities Exchange Commission（SEC）。而美国证券交易委员会仅负责股票市场监管。在证券界的压力下，美国政府又让了步，允许证券界的大庄家出任美国证券交易委员会第一任主席，那个人就是肯尼迪。

这位肯尼迪先生就是美国总统肯尼迪的父亲。当时发展至此，我们只能为美国的证监制度捏一把汗——美国政府不得不向利益团体低头。但大家是否记得，美国国歌中有句歌词叫“天佑美国”。因为除了天佑美国之外，我实在找不到其他原因可以解释其后戏剧性的发展过程——美国证券界人士做梦也没想到，肯尼迪竟然在日后善用自己以往的违规经验，变成证券界违规者的大杀手。而他甚至聘任兰德斯与道格拉斯做他的副手。此后，道格拉斯是证券交易委员会的第二任主席，兰德斯是第三任主席。

美国监管法的完善过程恐怕是全球独一无二的。美国监管法规是极为刚性的条款，美国证券交易委员会利用美国宪法所赋予的无限制调查权力来保护中小股民。他们的调查权力（可以开传票）在美国境内是无远弗届的，他们可以传唤与案件有关的任何人，而当事人不得拒绝，且当事人对其调查的挑战原则上均被联邦法院否决。虽然普通法系制度要求政府退出经济舞台，但美国这段特殊的历史却造就了美国独一无二的普通法制度与政府监管的制度合力保护小股民。

此外，美国的普通法制度更赋予小股民集体诉讼的权利，只要一人胜诉，利益即归于全体股民。同时控辩双方必须承担自己的诉讼费用，而且律师也乐意接受胜诉才收钱的案件。但最重要的一点是证券交易法中的举证责任在于被告而不是原告。因此，公司任何损害小股东的行为都会招致一连串的诉讼行动。陪审团经过审理后，会根据普通法系的公平原则及双方法律依据作出裁决。被告的公司即便提出无罪的证据，也会遭受时间、精力及昂贵的法律费用等损失，也可能受到民众长期的羞辱。因此，决策人必须衡量公司的每项行动，确保不会与公众发生对抗。美国法律体系有效地把监管的权力分散至每一个股民的身上，并把社会的公平标准付诸公司的行动上。但在加拿大，集体诉讼就不被允许了，而且也不准律师胜诉才收钱。其他加入经济合作与发展组织（简称经合组织，OECD）的国家在这方面也基本上没有与美国的集体诉讼和举证责任倒置相似的制度。

但是各位读者请注意，正是因为延续了的《反托拉斯法》以及在这个阶段受到了马克思主义的冲击，才使美国政府深切地领会到了一个道理——一个国家要想长治久安，必定要以民为本，更具体地说就是必须以藏富于民来化解劳资冲突。而藏富于民的结果便造就了今天的美国。

我再以美国股票市场为例，解释如何通过股票市场的财富再分配功能达到藏富于民以化解劳资冲突的效果。美国和加拿大都是具有相同的普通法系的国家，但是加拿大的上市公司当中有 89% 以上都是家族控股。美国呢？它大部分的公司竟然是大众持股而不是家族控股。全世界除了美国和英国的公司之外，大多数公司都是家族控股的。为什么美国是大众持股？这就是资本主义社会主义化的结果。当时是一个极其巨大的工程，1890—1934 年的四十多年时间可以说是整个美国社会实现法治化的时代。整个工程之浩大，目的之明确以及效果之震撼，足以让每一个人为之动容。

如何创建一个财富再分配的股票市场呢？首先，美国政府放弃了 1720 年的策略（当时英国、法国等国政府对股票市场束手无策，只能采取关闭股份制公司和银行的措施），而采取了彻底化解资本家与劳动者矛盾的措施，避开马克思主义预言的伟大国策。美国政府除了通过《反托拉斯法》限制大家族之外，其采取的更进一步的措施是要让社会大众变得更加富足以化解矛盾。怎么样才能让社会大众变得更加富足呢？那就是从 1932 年开始推行的一系列严厉的监管法律，即用严刑峻法来发挥股票市场的财富再分配功能。当时，美国政府提出了股票市场的正确思维，所谓股票市场就是全社会集资，把资金交给最有能力的职业经理人经营。社会大众怎样知道他最有能力呢？职业经理人就必须披露正确的信息，这个时候政府所扮演的角色就非常重要了。政府必须确保职业经理人所披露的信息是真实的，而且必须确保这个人有一种责任感，即信托责任。就是说你一旦成为职业经理人，你就有责任要把工作做好，你就要替股东创造财富。

四、基础四：法治化保证信托责任的推行

美国的“信托责任”遗传自英国并对其极为重视。例如美国法庭对经理人的利益输送，定义包括挪用公款、转移资产、对自己发行股票等等行为，是严厉禁止的［Bebchuk（1985 年），Brudney、Chirelstein（1978 年）却认为还不够严厉］。但对于经理人的高工资、高激励期权基本上是不管的。和英国一样，美国的信托责任是保护小股民的重要支柱。但美国的发展却又标示了其不同于英国——更进一步地引入政府的干涉，因此美国对信托责任的要求就更加严厉了，可以说是严刑峻法下的信托责任是不容挑战的。上市公司的职业经理人不敢不承担信托责任。如果这个职业经理人披露假消息，美国政府一定会以社会大众（或中小股民）利益为前提和职业经理人打官司，打到其家破人亡、妻离子散为止。我说的这句话根本不是开玩笑，你看一看“安然（Enron）事件”就理解了，

最后安然倒闭了，五大会计师行的安达信也倒闭了，合伙人自杀了。

大家族在美国政府采取的这些措施之下，以高市盈率抛售股票相继（而富裕地）退出了上市公司的经营，美国的上市公司由此变成了大众持股的公司。美国政府通过证券交易委员会严刑峻法的监管，确保职业经理人有信托责任，确保他所披露的信息都是真的，如果有假，则严惩不贷。这就是为什么世通（Worldcom）会因为一个小事件而受到严惩的原因。世通犯的罪就是更改了一些会计科目，把原先是费用的科目改成了投资，通过折旧来提列费用。这种事情，在我们国内来讲可能是小事一桩，在美国则是不被允许的，因为你已经触犯了一个最重要的原则——信息披露的真实性。就是这个小事件，负责人被逮捕。当时美国电视新闻每天晚上都会重复播放一个镜头：司法人员把世通负责人的手在背后用手铐铐住，连续几个星期“游街示众”。美国政府要让所有的美国人，包括从婴儿到老人，都清清楚楚地看到，这就是违反信托责任的下场。让每一个美国小孩子都知道，你将来长大以后，所要做的事情就是对股东有信托责任，如果你做不到，那么游街示众就是你的下场，这个意义太重大了！就是因为美国政府这种“以民为本”的策略，使得美国的股民，甚或社会大众对美国联邦政府有着极强的信心。他们知道，万一他们的权益受到了挑战，政府会当仁不让地站出来，用严刑峻法，保护弱势团体，保护中小股民，保护全国老百姓，因为以民为本的制度是不容挑战的，你只要做不到这一点，马克思的预言就一定会成为现实。这就是马克思主义的伟大之处。

美国每一个老百姓通过保险金和退休金等形式，将一生的财富都放在股票市场里。由于美国人口不断膨胀，所以美国股票市场资金的投入是不断地增加，股价从长期来看是上升的。我们国内有很多荒谬的言论，说“股票市场是有风险的”，我告诉各位，那是错误的，股票市场只有短期风险，不应该有长期风险。因为股票市场所反映的就是这个国家的经济实力，这才叫股票市场。各位想想看，当大家族陆续退出股票市场之后，如果美国的上市公司都陆陆续续地上市，成为大众持股公司，那么这象征着什么意义？这就是象征着一个社会主义的实现！你们觉得好笑吗？因为你们不理解股票市场的本意。美国的大公司都上市了，它们会真实地披露信息，业绩做得不好的退市，做得好的就会继续留在股票市场，继续为股东创造财富。它的特点就是在美国的严刑峻法下不得不有的信托责任。股民可以在股票市场上得到回报。如何得到回报呢？一家上市公司如果赚了 1 美元，那就可以通过市盈率来放大财富。美国的市盈率一般是 30 倍，就是说，任何一家的上市公司如果得到了 1 美元的利润，那么股民就可以得到 30 美元的回报。换句话讲，美国的经济得到了 1 美元赢利，那么就有 30 美元回报给全美国的老百姓！因此，美国的股票市场 1930—1980 年的 50 年间，它的年回报是 8.3%，加上银行利率，也就意味着如果某一年银行的利率是 3% 的话，那么那一年的回报率就是 11.3%。而 1940—1990 年的 50 年间，美国的股票市场以每年 7.6% 的回报率在增长，再加上银行利率，因此只要美国的每一个公民把自己的退休金、保险金放到美国的股票市场中，那么 35 年退休之后，就可以老有所终、老有所养。所以恐怖分子不可能摧毁美国，而股票市场的崩溃才是对美国的重大打击。

美国的股票市场承担着美国社会财富再分配的伟大功能。

大家可以想象一下，如果美国的上市公司全部都是大众持股的公司，假设它的经理人都是有信托责任的经理人，每一个人当了公司的经理人之后，他都努力为自己的中小股民贡献自己的一生，他拿自己应得的优厚薪水和退休金，而美国的股民通过他所赚取的 1 美元，放大 30 倍而得到了美国经济增长的丰硕果实，这才是真正意义上的藏富于民。

美国政府为了保证这种藏富于民政策的实施，为了保证资本家和劳工之间的关系不再紧张，以宪法而非一般联邦法的形式赋予证监会执法的权力。按照法律规定，美国证券交易委员会为了保护中小股民，为了保护股票市场，它可以发传票，它可以调查任何人和任何事物，其执法权力是无限的。任何人对其挑战，基本上都将被联邦法院所拒绝。各位知道这是为什么吗？那是因为美国的股票市场肩负着一个社会主义的功用——财富的重新分配。美国的宪法，即美国的根本大法赋予了美国证监会严刑峻法的执法功能。你们看看！多么宏伟的计划，这也就是为何美国公民愿意将自己一生的积蓄都放在美国的股票市场中的原因。因为他们知道，只有通过美国的股票市场才能让他们的财富不断地增长，才能使他们老有所终、老有所养。

五、基础五：社会主义式的民主制度

“信托责任”慢慢地影响到了欧陆各国。欧洲经合组织（OECD）各成员国的法院基本接受了“信托责任”的概念，但如何执行与处惩就因国而异了。一般来说，英国的信托责任概念目前以保护小股民为主。而其他欧陆各国虽然接受了信托责任的概念，却走入了一个完全不同于英国的治理结构。

按照 Roe（2000 年）的说法，英、美两国与欧洲大陆国家在 19 世纪末和 20 世纪初开始对“信托责任”的概念产生了分歧。美国更注重的是个人主义的发挥，也就是个人主义的民主制度；而欧洲国家则逐渐进入了社会主义的民主制度。这两个主义对于公司形态而言有着很大的冲击作用。

欧洲大陆国家由于重视社会主义，因此经济政策的实行很多时候必须考虑到劳工的福利问题。而对于经理人而言，他们所需要的可能是：扩大公司规模；减少追求利润最大化的风险以免自己受到波及；先使用股本金同时尽量不要进行风险大的公司重组。这些思维肯定和股东利益有冲突。但是劳工所追求的却类同于经理人所追求的，例如，他们也不希望公司面临的风险较高，因为高风险可能会影响到他们工作的稳定性；他们也希望公司扩大规模而不是减小规模，因为如此一来他们就可以得到更多升迁以及涨薪的机会。而对于股民而言，他们肯定不喜欢付高工资，但发工资的最终权力仍在经理人手上，而且经理人绝不会如同股东一样厌恶给劳工加薪。同时欧洲大陆国家的政府是民选的政府，因此对于劳工手中的选票就格外重视。所以，各国政府在考虑经济政策时，不论是保守党或是劳工党都必须以劳工的利益为主（只是两党对劳工重视的程度不同而已），而不是以资本家的利益为主。在劳工与政府的双重压力下，经理人慢慢地走向劳工一边，而渐渐偏离股东的利益。这导致的结果就是代理成本（Agency Cost）大幅增加。而且欧洲国家为了保持劳工阶层的稳定，他们对于激励合同（包括公司兼并等等）、透明的会计系统的兴趣不大，甚至会立法禁止。如此，更扩大了经理人与股东的距离，进而提高了代理成本。

美国的制度却不太一样了。美国移民政策造成民众具有流动性、多样性及推崇个人主义的精神特质，影响了人与人之间的联系。公司股东、经理人与劳工之间仅存在着合同的关系，缺少忠诚关系。而管理人员的表现也受到市场的客观评价。如果公司不追求利润极大化而导致经营不善、市值大跌，则有可能被其他公司恶意收购，经理人会遭到解聘，由更有能力的人接替其职位，以便使得公司的价值上升［参见 Jensen、Ruback（1983 年），Palepu（1985 年），Morck、Shleifer、Vishny（1988、1989 年），Martin、McConnell（1991 年）］。就英、美两国而言，这种收购行为有效地加强了公司治理，从而保护了小股民［参见 Manne（1965 年）、Jensen（1988 年）、Scharfstein（1988 年）］的利益。但这种恶意收购在政治上还是很难过关的，因为大家都担心经理人被解聘，公司关闭并被分解卖掉。因此，美国很多州都逐渐实行立法禁止恶意收购。到了 20 世纪 90 年代，这种恶意收购的年代一去不复返了［Jensen（1993 年）］。

为了有效和客观地评价一家公司，透明的会计体系可以减少客观评价的成本。而且由于小股民享有集体诉讼的权利，因此更强化了经理人的“信托责任”。同时，美国政府对于信托责任的要求也远高于欧洲各国政府对企业的要求。举例而言，美国政府为了强化信托责任，在“安然”事件和“世通”事件发生之后，就要求公司经理人就企业的账目真实性进行宣誓，这就是信托责任的具体体现。但在亚洲各国，我们很难理解这种宣誓有何具体意义。因为我们亚洲人总认为美国企业可以一面宣誓一面造假。

而且由于个人主义的极端蔓延，美国劳工对于企业追求利润最大化的思维也较易接受。由于经理人与股东追求利润极大化的思维类同，因此代理成本大幅减少。

而这两个区域（美国与欧洲大陆）代理成本的高低塑造了股权分散以及股权集中的温床。在代理人成本较高的欧洲大陆，每单位资产市值必然较低，因此大大打消了私营企业上市的念头，这也是为什么欧洲大陆各国的股票市场不如英、美发达的原因之一。但就算上了市，也必须有一个大股东能随时监督经理人，否则由于经理人与劳工或政府的思路太接近，而无益于股东的利益。

以德国为例，德国公司董事会有两个层次，其中一个是顾问董事会（Supervisory Board），按规定其组成人员中必须有一半是劳工代表。股东为了避免劳工代表找麻烦，因此召开董事会的时候非常形式化，事先也不派发议程，会计账目不清楚，而且一年只召开两次会议。如果公司账目太清楚地显示高利润的话，可能就会发生劳工要求扩大生产规模以及加薪等等烦人的事情。但私下里大股东就可以和经理人经常沟通，纠正其政策思路，否则无益于股东的利益。试想一下，如果所有的股东都是小股民的话，那么谁来监督经理人呢？这种环境必然会慢慢孕育出股权集中的企业。

但美国的情况就不同了，美国企业代理成本低，而且美国施行严刑峻法以保护股民的利益，并对家族企业大加挞伐以减少垄断，希望建立一个自由竞争的经营环境。例如美国司法部利用《反托拉斯法》控告微软，因为微软垄断性太强，影响了自由竞争。这种思维在欧洲大陆或是亚洲是不可能被理解的。举例而言，在 20 世纪，美国很多大家族隐名埋姓纷纷成立信托基金（Trust）以遥控企业。各位读者如果记得我们前面谈的美国《反托拉斯法》的英文是什么（Anti-Trust Law），那么也就会明白什么是反家族垄断。在此种压力下，私营企业家族希望上市套现，而且由于代理成本很低，每单位资产市值必然较高，这更增加了企业上市的诱因。此外，由于代理成本很低，小股民也愿意进场，因为他们本身不需要监督经理人，外在环境会纠正经理人追求股东利益最大化的行为。因此形成了股权分散的温床。La Porta et al.（1998 年）对于普通法推崇备至的原因即在于其能保护小股民并能建立起一个繁荣的股票市场。

那么亚洲国家的股权为何也是那么集中呢？欧美各国发展现代化企业的时候，亚洲各国基本上还是蛮荒一片，政府腐败，制度落后，盗匪横行，贪官污吏遍地，民不聊生。我想用这些词句描述亚洲各国第二次世界大战前后的情形应该是比较切合实际的。在这种落后的制度下，最有效率的企业一定是股权集中的家族企业。家族可以通过家族网络共同经营，贿赂官员，保护企业以及组成联盟抵御外侮。因此，亚洲各国自然地形成了家族企业。而且由于家族共同经营的传统必然形成相互观照的局面，这种心态与欧美各国的“信托责任”心态是截然不同的。

为了证明我的观点，我将世界银行所发布的三个指标——审判系统有效性、法治化和政府腐败标注在图1的纵轴上，另外，我将东亚最大的15个家族控制市值的比例标注在图1的横轴上。读者可以很清楚地看出来，如果审判系统越无效，越缺乏法治化，政府越腐败，那么家族控股比例就越高。

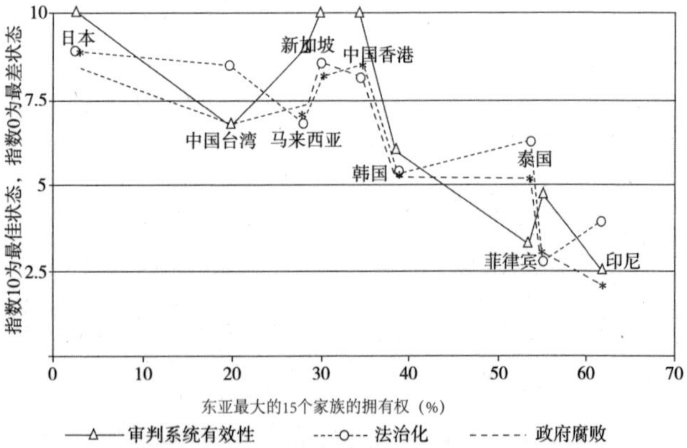

图1　拥有权的集中度和制度性变数

欧美各国的股东有着信托责任，因此二股东常常会反对大股东，因而保护了小股民。但在亚洲各国，大股东、二股东会联合起来坑害小股民［参见 Faccio、Lang、Leslie（2001 年）］。这种家族企业上市以后，它们所在乎的仍然是自己家族的利益，因此各家族会联合起来图利，剥削小股民。这也正是亚洲家族企业上市的重要目的。

最后，我想谈一下日本。日本是一个很奇怪的国家，它的各项制度与其他国家的都大不相同。他们的自民党政府名义上是保守政府，但骨子里却是真正的社会主义的民主政府。最好的例子就是他们为了保护农民，而不遗余力地禁止美国农产品的进口。而且日本的终身雇佣制度也是社会主义的极致表现。但根据以往研究结果来看，日本的股权结构反而更倾向于分散持股的类型。但事实上并不是如此。日本商社均由大银行控股，虽然每家银行对商社公司的控股不超过 5%，但却是数家银行共同控股商社公司。因此，银行控股总和是相当高的，以富士银行为例，可以看到富士集团内部仍有相当多其他银行控股该商社的公司。

日本和英国、美国，以及欧洲其他国家的情况不同，它没有政府的监管。但日本人却有着一种不同的信托责任，那就是日本人对工作认真的态度。每一位日本人都想在本位内把自己的责任尽到最好。但是公司经理人对小股民是什么态度呢？根据亚洲开发银行总裁 Yoshitomi 先生的调查来看，日本经理人最重视的还是劳工的利益。因此，日本的企业结构更类似于欧洲大陆国家。由于经理人重视劳工利益，所以必然会轻视股民的利益。这也就是日本的代理人成本很高的重要原因之一。但如果说控股银行和经理人联手剥削日本的股民，那是不太可能的。至少到目前为止没有一份研究报告能够提供这种剥削股民的证据。

我们前面分析不同的国家谈论公司治理的五个基础为：第一个基础是普通法的公平概念被引入；第二个基础是信托责任；第三个基础是严刑峻法以保障公平；第四个基础是法治化保证信托责任的推行；第五个基础是社会主义式的民主制度。当然中国的国情和它们有所不同，我们必须有所取舍。我认为第一个和第二个基础是英国特殊历史所形成的普通法的公平概念和历史传承的信托责任，中国没有这种历史，因此它们不适用于中国。我认为第三个、第四个和第五个基础比较适合中国的国情。也就是筹建一个社会主义式的民主制度，通过政府的干涉以严刑峻法的理念推动公平和信托责任的确立。

六、伯利和米恩斯：开创公司治理先河

背景提示

1932年，伯利（Berle）和米恩斯（Means）两位教授合写了一本关于美国股权结构的书。他们提出了一个非常有意义的观点，就是当时美国的上市公司基本上都是大众持股型公司，但是大众持股型公司基本上都是管理权与所有权相分离的，所谓的所有权即是指股权很小的股民，管理权即是指（几乎）无股权的职业经理人。他们指出，经理人有图利自己而不替股东谋取利益的嫌疑，因此他们发现，真正的矛盾来源于股东和职业经理人。

这本书把资本家和劳工之间的紧张关系转换为股东和职业经理人之间的关系。他们把矛盾进行了转移。而他们的这种做法受到了美国政府的支持，但

是却引起了我的怀疑。

因为我在 2005 年重新研究伯利和米恩斯当时所用的数据 [Gadhoum、Lang、Young（2005 年）] 时，我发现他们的数据中没有多少家是他们所谓的大众持股公司，他们书中有 200 个样本公司，但是证据确凿的大众持股公司只有 44 个。而且 200 家公司中有 106 家是工业公司，而这 106 家工业公司当中竟然只有四家是大众持股公司。也就是说美国现在这么普遍的大众持股公司的现象，在当时并没有出现。

但是，其后又有两篇论文对伯利和米恩斯的数据提出了质疑，Rochester（1936 年）和 Lundberg（1946 年、1968 年）指出一群非常少数的大家族通过他们本身的持股和他们所控制的银行间接持股控制了美国的工业体系（请参见 1946 年版的 Lundberg）。Lundberg 分析了与伯利和米恩斯所引用的 200 家相同公司的资料，他指出很多公司的管理层甚至董事会成员都是由背后的大家族指派的。

那么，伯利和米恩斯当时写这本书是出于什么目的？毋庸讳言，这本书为美国政府未来引领美国上市公司走向大众持股提供了方向性的指示。但是更重要的是，美国政府为了缓和马克思主义带来的冲击，除了通过《反托拉斯法》和财富再分配来缓解和消除劳资纠纷之外，更是提出了股东和职业经理人之间的紧张关系，以期转移劳资纠纷对美国社会的冲击，而使得大众以及学术界将注意力集中到了公司的层面。通过一系列的“公司治理”措施，最终也把股东和职业经理人之间的紧张关系化解掉。这使得紧张变成了祥和，成本变成了财富。这个转移很重要，这是“公司治理”这一伟大课题的开始。我们可以这么说，公司治理的目的就是探讨如何监督职业经理人以图利小股东。我本人在公司治理的文献中也起了较重要的作用，我将我的论文以我的英文名字 Larry H. P. Lang 适当地嵌入文献当中，读者可以清楚地看出我在其中的贡献。

第四章　小股民、大股东与债权人

将经理人与小股民的利益联系起来有何益处？

大股东扮演的角色是什么？

小股民、大股东和债权人之间的恩怨有哪些？

银行在德国和日本扮演何种角色？

一、激励合同：将经理人与小股民的利益联系起来

除了前述的信托责任和政府干涉之外，学术界谈论得最多的应该就是激励合同的制度。我个人在这个领域也做了大量的研究。为了确保经理人能按小股民的意愿办事，因此最好的办法就是经理人与小股民在事先签订一份“完善的合同”（Complete Contract）。这个完善的合同可以清清楚楚地告诉经理人什么时候该怎么做。这就是现代合同理论的起源［参见 Coase（1937 年）的理论］。但由于有太多不可预测的事件发生，例如中东战争和“9 · 11”事件，因此根本不可能在事先签订所谓的“完善的合同”。只有退而求其次签订所谓的“突发事件合同”（Contingency Contract）。这种合同的意义即在于将公司的最终控制权交回到小股民手中。因此，小股民可以在突发事件发生时做出最终决定。为解决最终控制权应如何在股民和经理人之间进行分配的问题，于

是形成了一套股权理论［Grossman、Hart（1986年）］。

但此种突发事件合同也不能解决问题，因为小股民持股量太少了，谁也没有兴趣花费时间自找麻烦去监督经理人，或在突发事件发生时做出决策。每个股民都希望其他股民能管理好经理人，自己最好"搭便车"（Free Rider Problem）。最后就根本没有人在乎最终控制权的归属，那么还是由经理人取得了最终的控制权［Grossman & Hart（1982年）］。而这种控制权是相当有价值的，例如在以色列有特别投票权的股票（也就是一股多票）和一般的股票相比，前者有着45.5%的溢价［Levy（1982年）］，有特别投票权的股票的溢价在瑞典是6.5%［Rydqvist（1987年）］，瑞士是20%［Horner（1988年）］，意大利是82%［Zingales（1994年）］，但在美国却很低［Lease、McConnell、Mikkelson（1984年）］。

当经理人拿到了最终控制权后，他们即可以堂而皇之地大行剥削股民的伎俩了。但问题是如果股民知道你会剥削他们，他们就根本不可能那么傻地进入股票市场，把钱拿给经理人，让他们去剥削自己。如果经理人不能做一些提高股民信心的工作，那么股票市场就会一潭死水，就像 2002 年的中国股票市场，因为小股民再也不愿意把钱放进股票市场了。因此，国际上很多有关公司治理的文献都在讨论经理人如何在事先做工作，向小股民担保不会剥削他们。譬如说，自己事先出一点股本金，或事先做某种程度的担保。

由于经理人必须多花精力事先向小股民证明自己不坏，因此也常常会限制他们能力的发挥。这样的公司经营可能就不会如同经理人 100% 控股的公司经营得好。这就是一个成本问题［参见 Jensen、Meckling（1976 年）］。

如果经理人成功地拿到钱之后，他们有没有可能在事后选一个比较差的项目进行投资，例如一个收益只有 3000 美元的项目？经理人可能在这个项目中捞到 1000 美元的好处。事实上，小股民可以付 1100 美元贿赂经理人，请他们不要投资在这个项目上。在美国有所谓的“金色降落伞”，也就是股民付钱给经理人，请他们不要反对别人对本公司的收购。当本公司被成功收购后，经理人可以拿到一大笔钱，然后走人［参见 Lambert、Larcker（1985 年）］。

前面所谈到的问题清楚地指出了小股民无法通过完善的合同和突发事件合同保护自身的利益，因此慢慢形成了所谓的“激励合同”（Incentive Contract），通过这种合同将经理人和小股民的利益联系在一起。目前“激励合同”在英、美两国仍占据主导地位。而这种合同能否达到理想的效果完全依赖于我们能否找到一些与经理人决策水平有关的客观指标，以判定经理人的决策水平［Jensen、Meckling（1976年），Fama（1980年）］。例如中国移动和中国联通推出的激励期权就属于激励合同的一种。而且公司经营不善，股价下跌，则会被恶意收购，这也属于激励合同的一部分。只要一项公司政策能迫使经理人好好地为股东而经营，那就是激励合同。但是激励合同能解决问题吗？我看不容易。例如Yermack（1997年）发现激励期权通常在公司的好消息宣布以前认购，或推迟到坏消息发布以后再认购。这似乎说明经理人的私心还是很重的。

我们还可以找到相当多的案例来说明经理人不为小股民利益做打算，而只在乎自己的私利。例如Jensen（1986年）提出为何经理人员会投资于前述受益 3000 美元的项目呢？他的理由很简单，因为经理人没有好的项目，但其手中的现金数量又太多，他们又不想发放股利返还给投资人，所以就投资于坏的项目。我的两篇论文对 Jensen 的说法做出了检验。在 Lang、Litzenberger（1989 年）的文章中，我证明了如果公司不投资于坏项目，转而增发股利，那么股价将上升。而在 Lang、Stulz、Walking（1989 年）的文章中我证明了在没有好项目的情况下继续投资或收购，将导致股价下跌。

经理人以自身利益而非投资人的利益为目的的投资给东亚带来了股价的下跌。例如 Roll（1986 年），Jensen、Ruback（1983 年）的论文提出证据指出当公司宣告收购其他公司时，其本身股价会下跌。Lewellen、Loderer、Rosenfeld（1985 年）的论文指出是由于经理人本身持股数量太少才导致了这种现象。Morck、Shleifer、Vishny（1990 年）的论文指出当公司收购高成长公司或进行多元化投资时较易发生公司股价下跌的现象。此外 Lang、Stulz（1994 年）的论文，Comment、Jarrell（1995 年）的论文都提出公司进行多元化经营会导致股价下跌的现象。

我们还找到了相当多的证据证明公司经理人为了保护自身利益而反对那些对小股民有利的公司兼并提议。请参考 DeAngelo、Rice（1983 年），Jarrell、Poulsen（1988a，b），Melatesa、Walkling（1989 年）。此外 Johnson、Magee、Negarajan、Newman（1985 年）发现，若大企业中只顾扩张而不将现金返还给小股民的经理人突然死亡，则股价立刻上升，这个有趣的证据好像说明了股东对于经理人怀有恨之入骨的心态。

根据前面的分析，我们发现小股民基本上还是无法通过激励合同有效控制经理人的。就连在美国也常常发生激励合同无效的事件。基本上经理人追求的主要是自身的利益，而不是小股民的利益。不论激励合同是否能够非常有效地保护中小股民，但目前它也几乎只存在于美国及英国。激励合同在欧洲大陆以及亚洲还是不能扮演重要的角色。

在这种情况下，为什么小股民仍然愿意将钱交到经理人的手中呢？能否将之归纳为小股民莫名其妙而不计后果的乐观呢？这种说法也不是没有道理，例如纳斯达克网络热潮就是一个最好的例子。而在 19 世纪美国的铁路热潮中，股民把钱大量投在股票市场中而无任何保护［Galbraith（1995 年）］措施。此外 Ritter（1991 年），Loughran、Ritter、Rydqvist（1994 年），Teoh、Welch、Wong（1995 年）都提出新上市和发新股的时候会产生股价被高估的现象。而在 20 世纪 80 年代利用垃圾债券收购公司的狂潮时，Kaplan、Stein（1993 年）也证明了当时垃圾债券是被高估的。这些证据表明了小股民可能有一种乐观而又不计后果的愚昧心态。但我实在很难相信小股民会如此愚昧。

二、强化公司治理：大股东所扮演的角色

我们前面的讨论几乎以小股民为主角，但毋庸讳言，除了美国之外，很多国家的上市公司都有大股东的存在，因此，大股东在公司治理中扮演什么样的角色也是学术界讨论的重点。

20 世纪 90 年代，学术界对欧亚大股东行为做了较为深入的研究。Frank、Mayer（1994 年），经济合作组织（OECD，1995 年）指出德国大商业银行通过股票控制了大概 1/4 的大型上市公司，而且同时充当债权人与股东的双重角色。它们也指出德国中小公司是以家庭控股为主的，而且是金字塔式的控股结构，也就是 A 控 B，B 控 C，C 控 D……Barca（1995 年）指出这种金字塔式控股结构最有利于股东以小股权控制一连串的公司。Gorton、Schmid（2000 年）估计德国的非银行大股东也控制了 1/4 公司的股权。Prowse（1990 年），Berglof、Perotti（1994 年），

OECD（1995 年）指出在日本存在大量的交叉持股现象，而且银行控股也是常态。OECD（1995 年）指出世界上大部分国家，包括亚洲、拉丁美洲、非洲、欧洲大陆几乎都是股权集中的控股形式。

至于大股东可强化公司治理的研究也在 20 世纪 90 年代中期慢慢形成气候。Frank、Mayer（1994 年）指出大股东所控股的公司有着较高的董事换手率。Gorton、Schmid（2000 年）的研究显示德国的银行大股东及其他大股东的存在显著地改善了公司的经营绩效。Kaplan、Minton（1994 年），Kang、Shivdasani（1995 年）提出日本大股东在碰到绩效下降时比无大股东控股的公司能更有效地撤换经理人。而且日本的大股东控股公司会减少例如广告、研发和娱乐的支出［Yafeh、Yosha（1996 年）］。Shleifer、Vishny（1986 年），Shivdasani（1993 年）的研究显示美国的外部大股东（非经理人）的存在增加了公司被收购的机会，而且 Denis、Serrano（1996 年）的研究也显示就算兼并的企图失败，有外部大股东的公司也更易于更换经理人。

对全世界大股东的透彻研究开始于 20 世纪 90 年

代末期。La Porta et al.（1999 年）对全世界 27 个国家的公司做了研究。他们在每个国家挑出 25 家最大的公司和 10 家中型公司，随后找出持股人或持股公司，然后再根据这家持股公司继续往上找，直到找到最终持股人。而且该篇文章也提出最终持股人利用金字塔式控股结构、交叉持股、多重控股、复式投票权、家族人员担任经理人位置等方式分离所有权与控制权，进而利用较少的股权增强其对上市公司的控制能力。

我们利用以下简单的例子和图 2 来进行说明：其中家族控制 A → B → C → D 就是所谓的金字塔式控股结构。

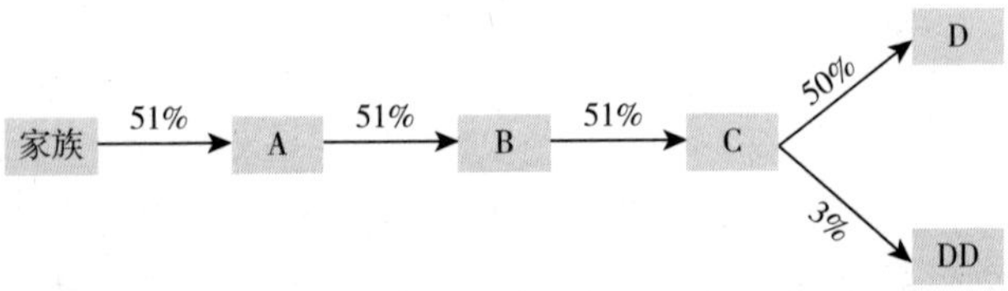

图 2　家族金字塔式控股结构

而且家族利用金字塔式控股结构使所有权和控制权相分离。举例而言，家族控制 A 公司 51% 的股权，A 公司控制 B 公司 51% 的股权，B 公司控制 C 公司 51% 的股权，而 C 公司控制 D 公司 50% 的股权。在金字塔式控股结构控制下，家族对 D 公司的所有权约是 7%（51%×51%×51%×50%），而控制权却是 50%。金字塔式控股结构造成了所有权和控制权的分离，因为所有权是 7% 而控股权是 50%。也就是说东亚家族利用较少的股权控制了相当多的公司，而且所有权与控制权的分离也给了家族剥削中小股民的机会。而家族通过另外一家公司 F 再来控制 D，这就是所谓的多重控股。而家族与 A 公司之间的相互控股就是交叉控股。所谓的复式投票权就是一股多票，而不是传统的一股一票。此外，家族也会任命自己的亲戚担任上市公司 D 的经理人员，进一步强化对上市公司的控制权。

由于他们的样本范围太小，所以我在 2000 年发表了一篇文章，即 Claessens、Djankov、Lang（2000 年），对东亚国家和地区的股权结构进行了深入的研究。我总共分析了 2980 家公司，而结论是其中 2/3 的公司是由股权集中的股东所控制，而且它们大部分是家族，六成以上家族控股公司的经理人来自控股家族。

大家族同时控制了大量的财富。例如印度尼西亚的一个家族控制了整个股票市场市值的 16.6%，菲律宾的一个家族控制了整个股票市场市值的 17.1%。而在中国香港和韩国，10 个家族就控制了近 1/3 的股票市场市值。家族势力在东亚地区（除日本外）有着举足轻重的影响力，而且东亚各国也大量利用上述金字塔式控股结构来强化对上市公司的控制。

此外，我在 2002 年［Faccio、Lang（2002 年）］又针对 13 个西欧国家的 5232 家上市公司的最终股权结构做了深入的分析。我发现只有英国和爱尔兰存在较多的大众持股公司，而其他欧陆各国则以家族控股为主。54% 的欧洲公司是由股权集中大股东所控股（其中以家族为主）的，而且 2/3 的家族控股公司均指派自己的亲戚担任上市公司的经理人。但大家族所控制市值的比例显著地低于东亚各国。西欧各国与东亚各国相比，较少使用金字塔式控股结构、交叉控股和多重控股，但较多地使用复式投票权。

我在 2005 年又完成了一篇论文，即 Gadhoum、Lang、Young（2005 年）。该文指出美国并不是如我们想象的那样，是完全由社会大众控股的。我们的研究发现有 59.74% 的上市公司都有大的控股股东，而这个比例甚至高于由银行大股东控股 58% 的日本上市公司。而且美国有 36% 的上市公司是由大家族所控股的，这个比例和德国的 37.26% 家族控股比例类似，但是远远地高于日本、法国和英国的大家族的控股比例。我们还发现有 24.57% 的美国上市公司是由大家族控股和经营的，这个比例甚至高于亚洲的公司。16.33% 的美国上市公司是由金融机构所控股的，而这个比例和由金融机构所控股的欧洲上市公司的比例差不多。

前述几篇论文清楚地证明了东亚（日本除外）和西欧（英国、爱尔兰除外）的股权集中度相当高。基本上与对前述欧亚等国产生股权集中现象的描述相吻合。和美国公司治理结构截然不同的是，美国的问题是小股民和经理人之间的冲突，但美国政府的强力监管保护了小股民的利益。但其他这些股权集中的国家能保护小股民吗？这些股权集中的大股东和小股民不同，虽然他们可以有效地控制上市公司，但他们完全没有办法分散股权集中所带来的风险，因此他们肯定要从小股民那儿掠夺利益，因而会导致大股东和小股民之间冲突的发生。Grossman、Hart（1988 年），Harris、Raviv（1988 年）提出理论上的解释，由于金字塔式控股结构的存在造成所有权与控制权的分离，因而使得大股东有侵犯小股民的动机。但到目前为止，这方面的证实研究还不太多。其中比较受到重视的是复式投票权的股票在交易时有很大的溢价。例如以色列的溢价是 45.5%，瑞典是 6.5%，瑞士是 20%，意大利是 82%，但美国的数值却比上述国家要低。因而证明美国对小股东的剥削可能没那么严重。

此外，Morck、Shleifer、Vishny（1988b），Stulz（1988 年）和 McConnell、Servaes（1990 年）均探讨了美国公司股权集中度对公司价值的影响。当经理人的股权慢慢增加以后，公司价值会上升。但到了一个阶段后，经理人股权的增加反而会造成剥削小股民的现象而使得公司价值下跌。由于美国企业几乎没有金字塔式控股结构，所以对它们的研究没有办法清楚地把控制权和所有权分开。Claessens、Djankov、Fan、Lang（2002 年）也利用了东亚地区的数据将所有权与控制权清楚地进行分离。以前面图 2 为例，如果家族剥削了公司D的小股民100元，但由于家族也是D的股东，那么他们肯定也会有损失。但他们的损失却只有约7元（100元 ×51%×51%×51%×50%），家族可以得利93元。因此该文指出如果上市公司的所有权与控制权愈分离，那就愈增加小股民被剥削的可能性，而公司价值就会愈低。这篇文章应该算是测试剥削理论的第一篇文章，而且该文指出家族所有权与控制权的分离对公司价值的损失最大。

另外，我本人［Faccio、Lang、Young（2001年）］也证实了所有权与控制权愈分离那么D公司的小股民就愈收不到股利。但欧洲的情况却要好得多，D公司的小股民同样可以收到较高的股利。而且欧洲公司中的第二大股东起到了保护小股民的作用，但亚洲公司中的第二大股东与第一大股东却往往联合起来剥削其他小股东。

三、法治环境：决定债权人是否需要公司治理的保护

公司除了小股民以外，还有债权人。我首先提出一个问题——债权人要不要像小股民一样需要一个公司治理结构以保护自己的权益呢？

背景提示

美国、英国和加拿大的债权人可以分成两种，第一种是银行，第二种是持有公司债券的小债权人。而银行分成单独银行贷款和银行团联贷款（Syndicated Bank Lending）。亚洲和欧洲的银行体系较为复杂，其中又以德国的银行网（Universal Bank System）和日本的商社控股银行最富代表性。其他欧洲国家和亚洲国家的银行体系大部分都是所谓家族控股的关联银行。

债权人和小股民不一样。不论是大银行团或是

小债权人，他们会得到比小股民更多的法律保护。而且债务合约非常清楚，你如果不还本金或是利息，那就是非常明确的违约行为，法庭在判案时可以很清楚地做出有利于债权人的判决。因此在一个法治良好的地区，例如欧美地区，债权人基本上不需要公司治理的保护。但在亚洲地区，建立一套保护债权人的公司治理机制是刻不容缓的。

我们把小股民和债权人的权利做一个比较：

·小股民的投资没有任何担保，但债权人的投资有法律保障。

·小股民没有分配公司资产的权利，而债权人有这项权利。

·小股民的投资没有期限，而债权人的投资有一定的期限。

当借款人不准时付利息，个别债权人不管大小都可以诉请清盘而拿借款人的资产还债。而且任何一个债权人，不论是银行还是持有公司债券的小债权人，都可以自行扣押资产用以还债。各国的法律在面对这一问题时，原则上不能反对而只能确保个别债权人不能扣押超过本身债权的资产而已。而且和小股民不同，小债权人的权利更大，因为在借款人违约的情况下，借款人和银行沟通反而比和小债权人沟通来得容易，因为小债权人太多了，很难得出一致的结论，而和银行谈判就容易得多得多［参考 Gilson、John、Lang（2000 年），Gertner、Scharfstein（1991 年），Bolton、Scarfstein（1996 年）］。这也是为什么公司债券市场只存在于少数几个已开发的国家的重要原因。

由于小股民有搭顺风车的习惯，因此和小债权人不同，个别小股民没有任何力量保护自己，除非小股民能集结成大股东或通过兼并的手法集结成大股东。如此一来，大股东就可以做出各种公司决策。但集结后的大股东远不如债权人更有力量保护自己。

四、在美国：小股民、大股东和债权人之间的恩怨

如果借款人一违约，债权人按其法定权利而立即扣押资产的话，那么股东的权益会立刻受到威胁而无任何办法保护自己。也许某家公司情况还是很好，只是暂时周转不灵而已。在美国就有所谓的破产法保护。公司经理人或债权人（包括原材料供货商）均可宣布该公司进入《破产法》保护或简称宣告破产。但这种破产和我们中国所谓的破产不一样，我们所谓的破产就是倒闭关门，而美国所谓的破产是指在破产法庭的保护下继续营业。中国人所谓的倒闭在美国被称为清算。

当一家公司进入破产程序后，自动免责条款（Automatic Stay）立刻生效，各债权人不得扣押该公司的任何资产，而且在法庭的同意下甚至不必付利息或本金，一切等到该公司离开破产法保护之后再说。

当公司宣告破产后，不仅仅只是债权人受到因

拿不到抵押品而带来的损失，股东也必须付出相当大的成本。按照 Warner（1977 年），Gilson、John、Lang（2000 年）的估计，1933—1955 年期间，在以美国破产的 11 家铁路公司为样本的例子中，直接成本平均为破产诉讼时公司市价的 5.3%。

1963—1979 年期间，美国俄克拉荷马州西区的几家被控破产的公司，直接破产成本的平均值与中位数分别为清算总额的 7.5% 与 1.7%。

在 1980 年和 1986 年被控破产的 37 家公司中，平均直接破产成本为资产账面值的 2.9%。经营不善的公司在发生财务危机时，虽然尚未破产但也会付出财务危机的成本，但是该成本较破产直接成本而言要低很多。

表 1　企业发生困难后的存活率与解决方法

有困难公司被其他公司收购，或被杠杆买入	38%
有困难公司宣告破产	5%
有困难公司清算	1%
有困难自己内部做调整，企图恢复正常营运	56%
（但其中有 35% 的公司遭到被收购的危机）	

在以 18 家公司为样本的例子中，直接财务危

机成本的平均值和中位数为资产账面值的 0.65% 和 0.32%。至于间接破产成本则难以估计。

由于破产成本对债权人或是股东而言都相对过高，因此美国进入破产法保护的公司还是不多。表 1 详列了公司遇到困难后的处理办法，我们发现只有大约 5% 的公司宣告破产［参考 John、Lang、Netter（1992 年）］。

按照我［Gilson、John、Lang（2000 年）］的研究显示，私下和解是公司遇到困难后的首选做法，而不是宣告破产。因为私下和解费用比破产费用要低得多。私下和解支出占总资产比例只有 0.65%，而破产费用占总资产的比例则为 3%~7.5%。

在美国的具体方法是公司经理人首先与债权人会谈。债权人组织一个委员会，其成员包括了 4~5 个最大债权人及 1~2 个小债权人的代表。这种会谈通常通过国家信用管理协会（National Association of Credit Management）来协调处理。表 2 详列了美国企业私下成功和解的具体措施。

表 2　美国企业私下成功和解的具体措施

	银行贷款	大众持有之公司债券	其他负债	公司采行某种策略比例
对到期负债延期	48.6%	6.7%	25%	48.8%
减少利息及本金	54.2%	56.7%	75%	72.5%
将负债改成股票	51.4%	86.7%	75%	73.8%
公司重整某种负债比例	90%	37.5%	20%	

从表 2 可知，公司债务延期的情形出现得最少，仅有 6.7%，大部分是采用改换成股票的形式，比例达 86.7%。由债券改换成股票的过程称为股权交换（Exchange-offer），是目前遇到困难的企业极为普遍的做法。大部分的公司都有银行贷款，发行公司债券的公司则属少数。因此，大部分的重整都是通过银行贷款进行重整，公司债券较难重整，这是它比例较低的原因之一。

如果公司具备了下列三项条件，则较易完成私下和解，否则就必须宣告破产：

· 该公司在外流通的债券类型较少，则和解较易成功，因为小债权人越多越难谈判；

·银行负债占总负债比例较高，则和解较易成功，因为银行比较容易谈判；

·公司市价与清算价值比例愈高，则和解愈易成功，否则宣告破产的公司市值损失更大。

如果公司不得已宣告破产，它们的经营绩效可以被改善吗？表3陈列了美国197家公司在20世纪80年代宣告破产的前五年及后五年的资产回报率[参见Hotchkiss（1995年）]。

表3　公司宣告破产前后五年的资产回报率

宣告破产前五年及后五年	ROA（资产回报率）	低于产业平均ROA的百分比
-5	0.113	58%
-4	0.097	62%
-3	0.062	75%
-2	0.031	83%
-1	-0.036	87%
进入破产程序	-0.073	84%
脱离破产程序	0.019	67%
+1	0.029	66%
+2	0.043	66%
+3	0.039	68%
+4	0.056	66%
+5	0.041	69%

我们可以清楚地看出，当公司脱离破产程序后，它们的经营绩效根本达不到进入破产程序三年以前的水平。这似乎说明了夕阳企业很难通过破产保护而重整旗鼓。但是小股民却可以继续在二级市场套现；不至于一无所获；而债权人也可以收回债权，这是破产法的好处。但世界上其他国家几乎没有如同美国般的破产法。

美国的银行体系很简单，只有单一的银行。但美国的债权人并不单单指的是银行，还包括了大量的债券持有人。有一些研究［Jensen、Meckling（1976年）］指出如果股东较债权人有能力影响公司决策，则股东也有可能剥削债权人。例如，股东要求经理人投资于高风险的项目。如果项目成功，则股价大涨嘉惠股东；如果项目不成功，公司破产，则债权人什么也拿不到。

换一个角度而言，如果债权人有能力影响公司的决策，他很可能会要求经理人放弃一些风险高但收益非常好的项目［Myers（1977年）］。这样对股东却是不利的。

当然，还有其他研究也在探讨股东剥削债权人的问题。例如美国骆驼牌香烟制造商 RJR Nabisco 进行管理层收购（Management Buy Out，MBO）时，该公司发行的债券价格立刻大跌。而其中最大债券持有人国际通信（ITT）还状告 RJR。但根据大样本的调研［Asquith、Wizman（1990 年）］，这种剥削现象似乎并不显著。至于股东有没有可能通过兼并等方式伤害劳工，Bhagat、Shleifer、Vishny（1990 年），Rosett（1990 年），Pontiff、Shleifer、Weisbach（1990 年）等人无法找到充足的证据。

总而言之，以美国的研究来看，债权人、股东和劳工之间有没有相互剥削的现象呢？我们也许可以从几个案例中找到答案，但大样本的调研却没有提供清楚的答案。

但以美国经验而言，Jensen（1986 年）提出一个有趣的观点，就是公司借债多了后，反而可以使经理人加倍辛勤地工作，否则公司因借债过多而倒闭对经理人也是一个很大的打击。因此，以美国的经验来看，借债多对股民而言反而是好消息。但另外一个观点却是债权人可能为了维护自身的利益而禁止经理人集资投资于好项目，或者将其公司清盘以确保债权，这对于股东而言是不利的［参见 Stulz（1990 年），Diamond（1991 年），Harris、Raviv（1990 年），Hart、Moore（1995 年）］。但根据 Lang、Ofek、Stulz（1996 年）的研究，我们发现坏公司的过度投资却会因为债务原因而减少，因此，对于股东而言，债务多反而是好事。

五、银行：在德国和日本扮演何种角色

与美国不同，银行在德国和日本扮演着特殊的角色，而不是债券持有人。因此，学术界通常谈的两个国家一个是德国，另一个是日本。我们利用下面两个图形来解说。其中一个是德意志银行（Deutsche Bank）为最终控股股东；另一个是日本富士银行（Fuji Bank）也是最终控股股东。

以德意志银行为例，整个集团包括了德累斯顿银行（Dresdner Bank）、巴伐利亚联合银行（Bayerische Vereins Bank）、安联保险公司（Allianz）和MR银行（Müechener Rüekvericherungs）、奔驰轿车（Daimler Benz）。这些银行间的控股关系可以说是复杂极了，根本不是一两句话可以说得清楚的。这些银行牢牢地控制住了集团内的公司。我们将这些复杂的图形简化了一下，并将这几家银行的相互关系画在图上（参见图3、图4）。我们看到德意志银行集团基本上都是

交叉持股，譬如德累斯顿银行与安联保险公司的交叉持股、MR银行与安联保险公司的交叉持股等等。

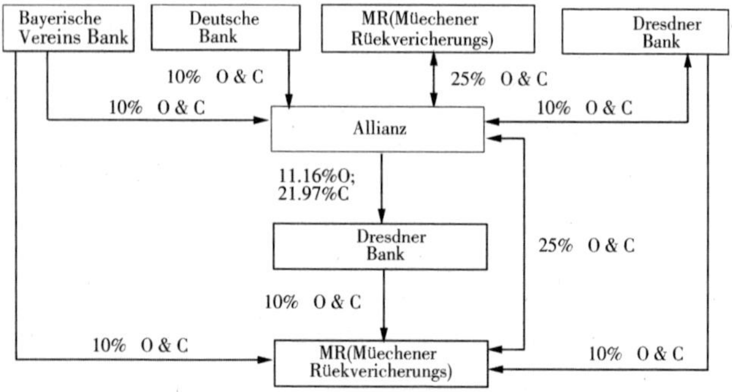

图4　德意志银行内部银行间的控股关系

另外以日本富士银行为例，整个集团包括了Yasuda Trust Bank、Kanto Bank和Daito Bank。这些银行也牢牢地控制住了集团内的公司。我们没有观察到日本银行间存在交叉持股的现象（见图5）。

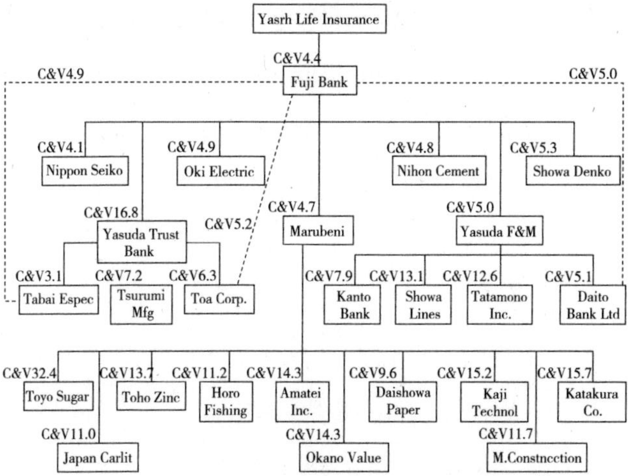

图 5　日本银行间的交叉持股现象

根据 Rajan（1992 年）的理论，如果控股股东是银行的话，由于债权人拥有较多的信息，因此，债权人有更大的诱因剥削股民。那么他们剥削的方法是什么呢？ Weinstein、Yafeh（1994 年）指出日本控股银行对于本集团内公司收取的利息比对集团外公司收取的利息更高。而且 Hoshi、Kashyak、Scharfstein（1993 年）指出当日本金融管制放松，允许公司向资本市场直接发债以后，他们观察到相当多高净值的公司立刻转成发债而不再向集团内的银行借钱了。这证明了向集团内的银行借钱的代价远远高于发行债券的成本。而且 Frank、Mayer（1994 年）做了一些德国的案例研究。他们发现德国银行干涉其他公司对自己的客户公司进行收购，原因是担心以往与客户建立的良好关系会被破坏掉，而平白丧失掉赚钱的机会。但 Gorton、Schmid（2000 年）对此说法存疑。不过一般而言，债权人是否会剥削小股民的研究还是太少，因而无法得出清楚的结论。

如果我们不谈剥削，那么债权人有没有可能加强监管公司经理人从而嘉惠股东呢？以德国为例，德国银行基本上都是交叉持股，譬如德累斯顿银行与安联保险公司的交叉持股，MR 银行与安联保险公司的交叉持股。交叉持股的目的只是嘉惠了经理人。譬如德累斯顿银行和安联保险公司意见不同，那么经理人就可以利用对自己有利的股东来打击对自己不利的股东。而且由于双方持股量相同，任何一方都不能稳操胜券。所以必须和经理人联手。因此，经理人在德国银行系统中可以说是稳操胜券。但它们却对于监管客户公司的兴趣不大，它们只想把客户关系搞好，多赚些钱［参见 Edwards、Fischer（1994 年），Dewatripont、Maskin（1995 年），Gertner、Scharfstein、Stein（1994 年）］。

六、银行：遭受亚洲家族的剥削

对于亚洲而言，债务不但不能为小股民谋福利，反而是一种大家族对小股民或债权人进行极度剥削的一种工具。

背景提示

这是一个泰国的案例。大家族以100泰铢高价卖了一块目前不值钱的土地给上市公司D，D拿了这块土地到自己的关联银行去寻求银行担保100泰铢。虽然泰国金融当局对于个人或家族的银行持股有着严格的限定，因此，该家族对银行F的控股可能只有4%，但该银行的CEO却是这个家族的亲戚。公司D得到银行担保后即向美国花旗银行等外商银行借了等值的美元。这种现象在泰国非常普遍。这也就是为什么1997年金融危机时泰铢贬值一半后会在泰国本地造成那么大的影响。

因为公司D倒闭了，银行F还不出钱也倒闭了。外商银行明明知道钱已经去了大家族那里，却追款无门。由于公司D是股份有限公司，它对债务只承担有限责任，所以外商银行根本就无法向那些家族追款。最后，还有赖于国际货币基金组织进行干预，要求泰国政府向全国老百姓加税还钱。因此，大家族不仅仅是剥削小股民，他们甚至连小老百姓也一起剥削了。由于泰国政府需要大家族的支持，因此，泰国政府根本不可能为了老百姓的税收问题和大家族翻脸要钱。

亚洲家族控制银行的情形也非常普遍。以菲律宾的大家族Lucio Tan为例，他们与菲律宾政府相互勾结得到了菲律宾国家银行（Philippines National Bank）的经营权，而他们把该银行放在其金字塔式控股结构的最下层。在他们控制该银行后，菲律宾国家银行立刻成了他们私人的关联银行。他们要求该行贷款15亿美元及8亿美元给他们的两家金字塔的上层公司——亚洲酿酒公司（Asia Brewery）和菲律宾航空公司（Philippines Airline）。

其他亚洲家族剥削银行的例子简直不胜枚举。例如，印度尼西亚当局规定银行不能核准超过 10% 净资本金的贷款给其关联企业，但 1995 年安瑞可银行（Anrico Bank）对其关联企业放贷了 1925% 的净资本金的款项。1998 年印度尼西亚拿撒林（Sjamsul Nursalim）家族命令其控股的但根银行（Bank Dagang National Indonesia）将其 76% 的贷款贷给关联企业，而其中 96% 的贷款最终变成了坏账。1998 年，菲律宾东方银行（Orient Bank）破产后，监管部门发现 75% 的银行贷款均贷给了控股家族公司的董事及其朋友。

而且我的研究［Faccio、Lang、Young（2007 年）］发现亚洲家族善于玩弄金字塔式控股结构而滥借狂借，坑害银行及小股民。而欧洲公司虽也是金字塔式控股结构，但滥借现象却有着相当程度的控制。

就亚洲而言，由于 C 拥有上市公司 DD 的股权相当少，外界很难知道 DD 是该家族的关联公司。而且 DD 又是金字塔结构中最下层的公司，因此家族通过关联贷款由其控股银行 F 大量放贷给上市公司 DD 后再通过与家族间的关联交易将钱转向家族。若发生了金融危机，DD 倒闭与否对家族并不重要，因为现金已经被掏空，而且 DD 又在最下层，所有的损失 A 对于大家族而言仅仅是 A × 51% × 51% × 51% × 3%=A × 0.4%，因而实际数目变得非常小。

Faccio、Lang、Young（2007 年）的研究发现亚洲地区的家族公司常常会利用关联交易用关联银行的资金投资于风险较大的项目。此种拿银行的资金投资于风险大的项目的现象在欧洲也是较普遍的，但和亚洲不同的是它们并不是利用关联交易进行的。欧洲的情况也不太一样，类同于银行 F 及上市公司 DD 的结构相当少。而且银行对于上市公司 D 和 DD 的贷款都很谨慎，因为它是在金字塔的最下层，风险太大。我在前面也谈过德国银行的经理人对本身的权力很有兴趣，但他们不太愿意监管客户公司，因此欧洲银行为了确保债权而不太愿意贷款给上市公司 D 和 DD。

问题是为什么亚洲国家的银行体系和其他国家那么的不一样呢？为什么有那么多的家族涉及关联银行？我们前面曾经谈过亚洲各国制度落后和政府腐

败等等。在这种落后的制度下，虽然形成了家族企业，但家族企业却无法轻易地得到独立银行的融资。因为当时没有好的法制确保债权，因此你借不到钱，你也不敢借钱给别人，因为大家都担心对方不偿还。这个现象与今天中国的某些情况相当类似，这也就说明了为何中国一些大企业例如德隆系和刘永好积极收购深发展和民生银行。这种背景形成了亚洲国家特有的家族关联银行。利用图 6、图 7 说明亚洲的家族控制上市银行的比例并与欧美相比，我们发现大部分的亚洲上市银行都是家族控股，其中又以中国香港、印度尼西亚、马来西亚和泰国等地最为严重。而欧美的家族控股比例显著地少于亚洲。这些证据清楚地说明了亚洲家族控股银行问题的严重性。

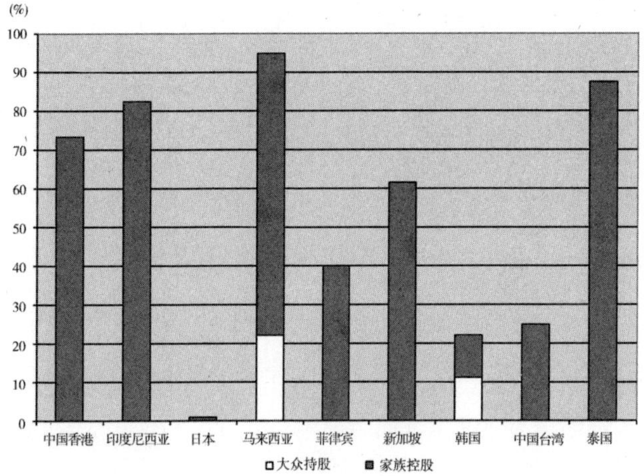

图 6　亚洲上市银行家族控股和大众持股的比例

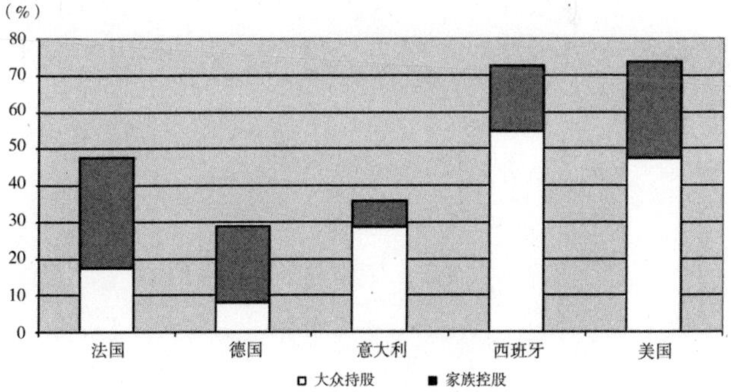

图 7　欧美上市银行家族控股和大众持股的比例

第五章　如何建立一套保护债权人的公司治理机制

MBO 能否在亚洲生根？

国有银行产生的问题与做出的贡献有哪些？

应该如何监管银行的改革？

一、MBO：能否在亚洲生根

国内目前很流行一个新概念——MBO。我先从杠杆收购（Leveraged Buy Outs，LBO）谈起。何谓LBO? LBO是指一批人包括公司经理人在内利用银行融资或（垃圾）债券将上市公司的在外流通股权买入，而成为大股东。但如果只是经理人单独进行LBO，那就称作MBO。下文我们通称LBO。

首先我要提出国外的研究成果表明，LBO需要用溢价买入在外流通股票。例如美国的专业LBO公司KKR在1986年利用LBO方式收购RJR Nabisco之时，它们以106美元的收购价购买LBO之前市价只有50美元的该公司所有在外流通股票。因此，根据DeAngelo、DeAngelo、Rice（1984年）的研究显示，LBO的公司在LBO之后，利润将会增加，否则无法支撑如此高的股价。而Kaplan（1989年）也提出证据证明了这个说法。Bhagat、Shleifer、Vishny（1990年）

提出这些公司利润的增加应来自于代理人成本的减少，因为他们发现 LBO 完成后的公司立刻将其非主要资产卖掉，我们可以这样说，由于公司多元化经营的结果是股价下跌，因此将非主要资产卖掉的行动就标示着这家公司有着替股民打算的念头。也可以说代理人成本因此而降低。

至于 LBO 究竟是长期行为或是短期行为在学术界也引起了一些争论。Jensen（1989 年）认为 LBO 是非常有效率的组织形态，因此，会形成美国公司未来的主流。Rappaport（1990 年）却提出了相反的说法，他认为银行等债权人会牢牢地盯着这些经理人，而多方挑剔经理人的作业，因此，长期而言对于经理人应该是没有吸引力的。Kaplan（1991 年）针对该问题做了大量的实证研究，他发现 LBO 的公司平均会在五年左右再一次上市。因此，LBO 不是一项长期的行为。但这些公司再次上市后的大股东股权和银行债权比率比 LBO 以前要高。

但按照我们前面的分析，LBO 应该是一项短期行为，因此，LBO 成功的前提必须完全仰赖该公司是否能在短期内努力经营。而且银行能不能成功地收回债权也几乎取决于该LBO公司能否有足够的好业绩，以便再上市以筹集资金还给债权人。但按照我前面的分析，读者认为我们的经理人对债权人有足够的信托责任吗？亚洲家族会由于法制的不健全，而对银行进行剥削。因此，除非我们有很好的监管措施，否则推行LBO或MBO对于债权人而言是相当危险的，这将会是一次新的打劫债权人的活动。

二、国有银行：产生的问题与做出的贡献

背景提示

我国建立国有制银行体系的思维基本上是来自列宁的理论。在“十月革命”的前几天，列宁发表了他对银行的观点：“如果没有大银行，社会主义将是不可能实现的，大银行是‘国家机器’，我们需要借其实现社会主义，我们可以直接从资本主义中得到它……”（列宁在1917年谈话的原文如下：“Without big banks, socialism would be impossible. The big banks are the ‘state apparatus’ which we need to bring about socialism, and which we take ready-made from capitalism…”）

这些观点在世界范围内被广泛地接受，在非洲、亚洲（例如中国）以及拉丁美洲，政府将现有的商业银行国有化，同时启动和发展新的商业银行。La

Porta、Lopez-de-Silanes、Shleifer（2002 年），根据 1996 年的资料针对全世界 92 个国家或地区前 10 大银行的股权结构做出了全面的分析（参见图 8）。

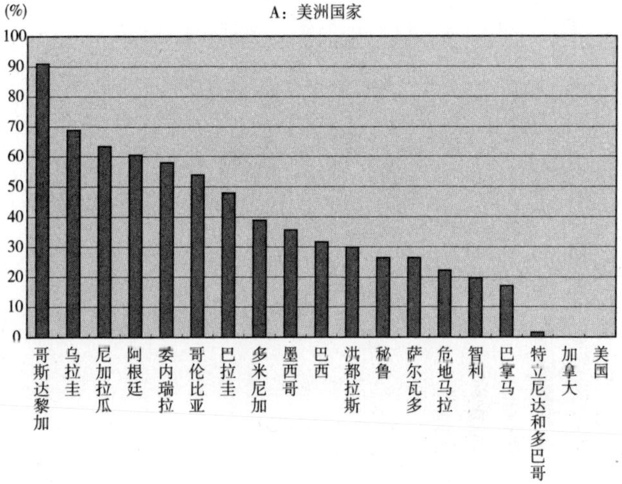

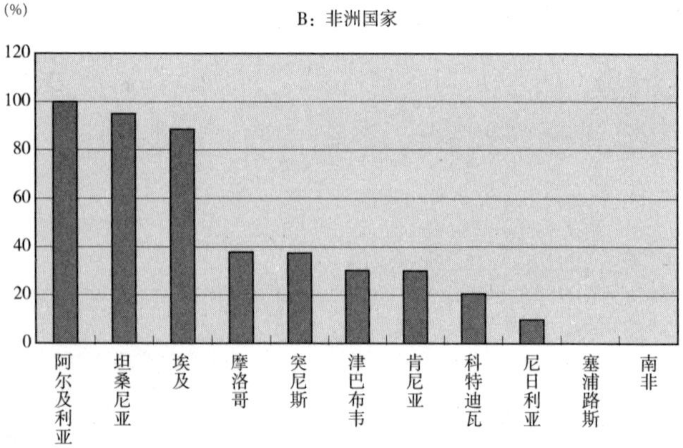
(%)
B：非洲国家
120
100
80
60
40
20
0
阿尔及利亚
坦桑尼亚
埃及
摩洛哥
突尼斯
津巴布韦
肯尼亚
科特迪瓦
尼日利亚
塞浦路斯
南非

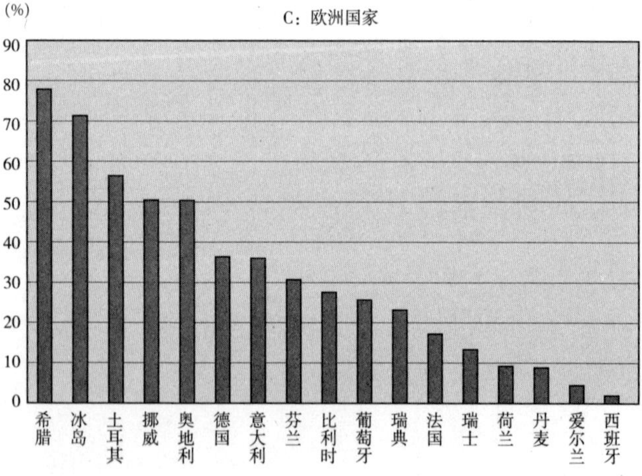
(%)
C：欧洲国家
90
80
70
60
50
40
30
20
10
0
希腊
冰岛
土耳其
挪威
奥地利
德国
意大利
芬兰
比利时
葡萄牙
瑞典
法国
瑞士
荷兰
丹麦
爱尔兰
西班牙

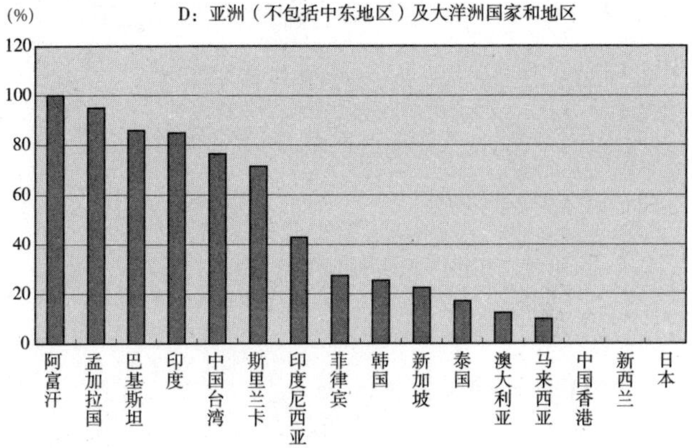

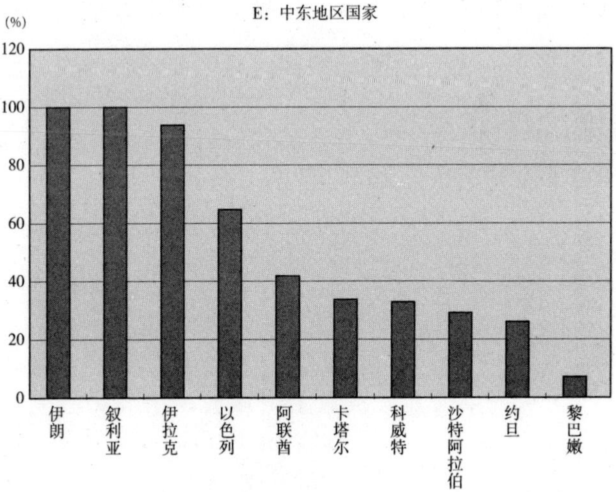

图8　各地区前10大银行控股图

他们发现在全世界 92 个国家或地区当中，没有国有银行的国家或地区在各洲的名字如下：

· 亚洲及大洋洲——新西兰、日本、中国香港；
· 非洲——南非、塞浦路斯；
· 美洲——美国、加拿大；
· 欧洲——英国。

全世界 92 个样本国家或地区中只有 8 个国家或地区没有国有银行，因此，我可以说国有银行才是常态，私人银行反而是特例，这个证据和国内一般人的想法完全不同。

但是国有银行制度却带来了如下的问题：

· 国家越贫穷——政府对银行所有权的控制力越强；

· 政府越集权——政府对银行所有权的控制力越强；

· 国有企业越重要——政府对银行所有权的控制力越强；

· 政府效率越低——政府对银行所有权的控制力越强；

· 财产权的保护力度越低——政府对银行所有权的控制力越强；

· 金融市场发展越不完善——政府对银行所有权的控制力越强。

这个问题同样也是我国国有银行所面临的。世界上实施国有银行制度的国家那么多，国有银行制度到底对经济发展有何贡献呢？结果，他们的研究发现了如下的结论：

· 政府控股银行对金融增长产生副作用；

· 政府控股银行不能加速资本积累（政府控股比率上升 10%，经济增长率下降 0.2%）；

· 政府控股银行不能提高生产力（政府控股银行比率上升 10%，生产力下降 0.1%~0.15%）。

主要原因还是因为政府控股银行造成资源误导，而损害生产力和经济增长。当然，这也是目前我们国家所面临的问题。

但中国目前的问题很清楚，国有银行不改革，以前实施的政策贷款所造成的银行坏账问题就得不到解决，而且还有可能会急速恶化并连带拖垮得之不易的经济建设成果。但无论如何，改革中国国有银行体制的前提是债权人（可以是国家也可以是个人）的利益必须先得到确保，也就是我们需要建立起一套保护债权人的公司治理机制。而且要谈到保护债权人，首先要做的就是加强银行的监管。

三、银行改革：应该如何进行监管

Barth、Caprio、Levine（2000 年）收集了一些国家改革银行、加强监管的方案，其中包括：

- 限制银行承销证券；
- 限制银行承销保险；
- 限制银行投资地产；
- 限制银行控制非金融机构；
- 限制非金融机构控制银行。

他们想观察一下到底这些政策的实施对于银行经营效率和金融体系的发展、非金融体系和股票市场的增长及银行危机的影响。

他们所得出的结论完全出乎大家的预料。政府加强监管的方案不但没有达到原先提高效率和稳定金融的目的，反而造成了更坏的负面影响。举例而言，限制银行承销证券和投资地产不但不能提高银行的经营效率，反而降低了银行的经营效率；而且不但无助于减缓金融危机，反而加速了金融危机。同时限制银行投资地产，对金融体系的发展和对非金融体系和股票市场的增长都有着不利的影响。

而且政府加强监管的方案基本上是无脉络可循的。根据 Barth、Caprio、Levine（2001 年）的研究发现银行危机并没有导致政府制定更严格的法规，在全世界 63 个国家或地区中所发生的 250 次银行危机中，有 141 次无论在危机的过程当中还是结束之后，相关法律法规都没有发生本质的变化；14 次显示其相关法律法规有所减弱（其中 2 次与危机有关）；只有 3 次显示相关法律法规有所增强；另外的 92 次缺乏数据。这些研究所得出的数据是令人非常震惊的。因为加强监管的方案不但没有达到原先的目的，而且世界各国的政府也几乎不知道应该用何种方法处理银行危机的问题。

而且不单单是政府不知道如何监管银行，全世界包括学术界、世界银行等国际组织也几乎没有提出过专门针对银行结构、法规以及监管方面的改革措施。

大家也只是提出一些一般性的改革计划，例如增大透明度以及开放金融市场引入国际性金融机构等等。这些一般性的改革方案也是目前国内谈得比较多的。

我所提出的证据给我国的银行改革方案带来了一个极为头痛的问题。目前，世界上没有一个指导方案可供参照，因此，更增大了我国银行改革的难度（参见表4）。

表4　一些银行改革、加强监管方案的弊端

	银行经营效率	金融体系的发展	对非金融体系和股市的增长	银行危机
限制银行承销证券	无效率			增加危机
限制银行承销保险				
限制银行投资地产	无效率	不利	不利	增加危机
限制银行控制非金融机构	无效率			增加危机
限制非金融机构控制银行				

四、结　论

我们可以将上述探讨有关小股民权益的问题，总结成表5的内容。

表5　小股民权益问题的总结

	政府强力监管	信托责任	激励合同(包括期权,公司兼并与收购)	股权结构	倾向于社会主义式的制度	个人主义式的民主制度	对股民保护(1最好,3最差)
美国	V	V	V	分散		V	1
英国		V	V	分散		V	2
欧洲大陆国家和加拿大		V		集中	V		2
亚洲(日本除外)				集中			3
日本		V		集中(但由银行共同持股)	V		2

美国对于小股民的保护可表述为：政府强力监管＋信托责任＋激励合同。而由于历史的原因，英国政府却没有如同美国政府一样介入股票市场。至于欧洲大陆、加拿大与日本对股民的保护也主要依靠“信托责任”，但这个“信托责任”倾向于保护劳工，而不是股民，这与英、美两国大相径庭。至于亚洲其他各国则根本没有所谓的保护股民的机制，有的只是大股东对小股民无限制的剥削。因此，在亚洲各国很难建立起一个真正健康的股票市场。

最后，我想探讨一个问题，我们能不能将所谓的“信托责任”带到亚洲来呢？

根据我们前面的探讨，“信托责任”是一个历史的传承，而且是学不会的。我们亚洲各国既无英国1533年“信托责任”传统的动力，又无政府的大力推行，因此很难形成一个有效的“信托责任”。而政府强力监管和激励合同则是比较可以依赖的。这也是我为什么每每高呼，诚信与良心是靠严刑峻法而来，也就是通过政府强力监管，让股票市场参与人不敢没有诚信。而对于公司经理人则可以利用激励合同使其经营目标与股民的利益相结合。

至于中国香港地区是否以保护劳工利益为前提，那就是一个值得大家探讨的问题了。但若我们强调劳工利益，那么我们的股票市场就不太可能像美国一样蓬勃发展，而且股权集中必会形成未来股票市场的主导。

我个人从来不认为我们一定需要一个繁荣的股票市场，我更希望看到的是一个藏富于民的社会。在目前股票市场中，既无“信托责任”，又无有效监管，且无激励合同的情况下，只会与“藏富于民”的理想背道而驰。

我们将上述探讨有关债权人权益的问题也总结如表 6。

债权人的形态在英、美两国仍以公司债债权人、独立银行和银行团为主。根据研究显示，银行的债务增加不但可以刺激经理人使其加倍地努力工作，而且也可以减少坏公司的过度投资。因此，债务对于股民而言是有利的。另外，英、美两国法制体系对于债权的保护也是比较到位的，这也对 LBO 的推行有着正面的帮助。

表 6　债权人权益问题总结

	债权人的形态	银行债务和股东的关系	有没有条件实施 LBO	法制体系对债权人保护（1 最好，3 最差）
美国	公司债债权人、独立的银行、银行团	银行债务有利于股东	有条件	1
英国	公司债债权人、独立的银行、银行团	银行债务有利于股东	有条件	1
欧洲大陆加拿大	控股银行	银行债务比较不利股东	没有条件	2
亚洲（日本除外）	关联银行	银行债务被大股东剥削	债权人会被剥削	3
日本	控股银行	银行债务比较不利股东	没有条件	2

但是欧洲大陆（以德国为主）和日本的情况又不太一样了，银行通常居于控股的位置。以德国和日本为例，有限的学术研究指出德、日两国的银行对其客户公司还是有着相当程度的限制，例如日本银行会多收利息，日本的企业也较喜欢发行公司债券集资，而不是通过集团内的银行进行融资。另外，德国的银行对于客户公司的监管不太在意，也有可能干涉客户公司的兼并意图以保护自身的利益。

欧洲大陆和加拿大的法制体系对于保护债权虽不如英、美两国，但和亚洲国家相比还是比较到位的。但由于这些国家基本上是“社会主义国家”，因此，对于有利于经理人的 LBO 是不太可能支持的。至于其他国家的研究就非常匮乏，因此，我们也无法谈得太多。

亚洲国家的银行由于历史的原因，很大一部分是家族控股的关联银行，因此，也造成了严重的大股东剥削银行的现象。由于亚洲国家的法制体系对于债权的保护非常不到位，而且也由于是家族银行，因此，法制化的作用也不大。总而言之，亚洲国家没有实施 LBO 的条件。

按照我前面的分析来看，由于欧美等国法制保护债权人比较到位，因此，债权人是不需要公司治理的保护的。而且银行和企业之间的关系也是比较清楚的，不论是独立银行也好，还是控股银行也好，虽然有着这样那样的小问题，但终究小瑕不掩大瑜，欧美各国的银行和债权人总体来说对国家的经济发展起到了比较积极的作用。

但亚洲完全不同，亚洲的银行基本上是家族的关联银行，因此，如何建立一套保护亚洲债权人的公司治理结构是刻不容缓的。但目前世界上并没有一个指导方案可以用作参照的，因此，更增大了我国银行改革治理结构的难度。

目前，我已隐隐约约地感到，现在国内正在推行的国有银行协议转让的浪潮正把我们推向如同亚洲其他国家家族控股关联银行的陷阱中，我担心以往国有企业剥削银行的局面不但不会因为协议转让而改善，反而又会人为地造成私营企业取代国有企业而剥削债权人的局面。我认为我们应该正视这个问题的严重性。

以我前面的分析而言，保护小股民的公司治理结构可以通过信托责任、激励合同和政府的有效监管而完善。因此，这个保护小股民治理结构的建立还是比较清楚的。但如何建立一套保护债权人的治理结构，那就是一个完全不同的问题了，目前根本没有答案。因此，这也是我们国家银行改革所将面临的最大问题。

图书在版编目（CIP）数据

公司是什么 / 郎咸平 著. — 北京：东方出版社，2018.2
（郎咸平开讲）
ISBN 978-7-5060-9731-4

Ⅰ.①公…　Ⅱ.①郎…　Ⅲ.①公司－企业管理－研究　Ⅳ.①F276.6

中国版本图书馆CIP数据核字（2017）第256780号

郎咸平开讲：公司是什么
（LANGXIANPING KAIJIANG:GONGSI SHI SHENME）

作　　者：郎咸平
责任编辑：陈丽娜　许正阳
出　　版：东方出版社
发　　行：人民东方出版传媒有限公司
地　　址：北京市东城区东四十条113号
邮　　编：100007
印　　刷：北京汇瑞嘉合文化发展有限公司
版　　次：2018年2月第1版
印　　次：2018年2月第1次印刷
印　　数：1—20 000册
开　　本：787毫米×1092毫米　1/32
印　　张：5
插　　页：1
字　　数：65千字
书　　号：ISBN 978-7-5060-9731-4
定　　价：35.00元
发行电话：（010）85924663　85924644　85924641

如有印装质量问题，我社负责调换，请拨打电话：（010）64023113